CROCHET

Tabletop Elegance™

General Information

Many of the products used in this pattern book can be purchased from local craft, fabric and variety stores or from the Annie's Attic Needlecraft Catalog *(see Customer Service information on page 32)*.

Contents

Flowers & Shells	2
Dancing Butterflies	4
Hearts & Pineapples	6
Floral Filet	9
Lavender Lace	10
Pineapple Lace	12
Diamonds Among The Roses	14
Regency	16
Irish Rosaleen	18
Shaded Butterflies	20
Butterfly Dreams	22
Summer Sage	25
Pineapple Tulips	28

Annie's Attic • Berne, IN 46711 • www.AnniesAttic.com • *Tabletop Elegance* 1

Flowers & Shells

Design by Ellen Anderson Eaves

SKILL LEVEL

INTERMEDIATE

FINISHED SIZE
22 inches across

MATERIALS
- Aunt Lydia's Classic Crochet Cotton size 10:
    500 yds #1 white
    350 yds #180 dark shaded yellows
    100 yds #421 goldenrod
- J & P Coats Knit-Cro-Sheen crochet cotton size 10 (150 yds per ball):
    1 ball #179 spruce
- Size 7/1.65mm steel crochet hook or size needed to obtain gauge

GAUGE
Center Flower is 2⅝ inches across, 3 shell rows = 1 inch

SPECIAL STITCHES

Picot: Ch 5, sl st in top of last dc made.

Beginning shell (beg shell): Ch 3 *(counts as first dc)*, (dc, ch 2, 2 dc) in same st or ch sp.

Shell: (2 dc, ch 2, 2 dc) in next st or ch sp.

Joining picot: Ch 2, sc in next ch sp or picot, ch 2, sl st in top of last dc made.

INSTRUCTIONS
CENTER FLOWER

Rnd 1: With goldenrod, ch 4 *(first 3 chs count as first dc)*, 11 dc in 4th ch from hook, join with sl st in top of ch-3. Fasten off. *(12 dc)*

Rnd 2: Join dark shaded yellows with sc in first st, ch 3, sk next st, [sc in next st, ch 3, sk next st] around, join with sl st in beg sc. *(6 ch sps)*

Rnd 3: Sl st in first ch sp, ch 1, (sc, hdc, 3 dc, hdc, sc) in same ch sp and in each ch sp around, **do not join.**

Rnd 4: Working behind last rnd, in sk sts of rnd 1, ch 1, [sc in next sk st, ch 4] around, join with sl st in first sc.

Rnd 5: Sl st in next ch sp, ch 1, (sc, hdc, 5 dc, hdc, sc) in same ch sp, and in each ch sp around, **do not join.**

Rnd 6: Working behind last rnd, [sc around **post** *(see Stitch Guide)* of next sc on rnd 4, ch 5] around, join.

Rnd 7: Sl st in next ch sp, ch 1, (sc, hdc, 7 dc, hdc, sc) in same ch sp and in each ch sp around, **do not join.**

Rnd 8: Working behind last rnd, [sc around post of next sc on rnd 6, ch 6] around, join.

Rnd 9: Sl st in next ch sp, ch 1, (sc, hdc, 9 dc, hdc, sc) in same ch sp and in each ch sp around, **do not join.**

Rnd 10: Working behind last rnd, (sc around post of next sc on rnd 8, ch 7] around, join. Fasten off.

Rnd 11: Join spruce with sl st in first ch sp, ch 1, (sc, hdc, 5 dc, **picot**—*see Special Stitches*, 5 dc, hdc, sc) in same ch sp and in each ch sp around, join. Fasten off.

DOILY

Rnd 1: Join white with sc in any picot, ch 11, [sc in next picot, ch 11] around, join with sl st in first sc. *(6 ch sps)*

Rnd 2: Beg shell *(see Special Stitches)*,

sk next 3 chs, [**shell** *(see Special Stitches)* in next ch, sk next 3 chs] twice, *shell in next sc, sk next 3 chs, [shell in next ch, sk next 3 chs] twice, rep from * around, join with sl st in top of beg shell. *(18 shells)*

Rnd 3: Sl st in next st, sl st in next ch sp, beg shell, ch 1, [shell in ch sp of next shell, ch 1] around, join.

Rnd 4: Sl st in next st, sl st in next ch sp, beg shell, ch 2, [shell in next shell, ch 2] around, join.

Rnd 5: Sl st in next st, sl st in next ch sp, beg shell, ch 3, [shell in next shell, ch 3] around, join.

Rnd 6: Sl st in next st, sl st in next ch sp, beg shell, ch 4, [shell in next shell, ch 4] around, join.

Rnd 7: Sl st in next st, sl st in next ch sp, beg shell, ch 5, [shell in next shell, ch 5] around, join.

Rnd 8: Sl st in next st, sl st in next ch sp, beg shell, ch 6, [shell in next shell, ch 6] around, join.

Rnd 9: Sl st in next st, sl st in next ch sp, beg shell, ch 7, [shell in next shell, ch 7] around, join.

Rnd 10: Sl st in next st, sl st in next ch sp, beg shell, ch 8, [shell in next shell, ch 8] around, join.

Rnd 11: Sl st in next st, sl st in next ch sp, beg shell, ch 9, [shell in next shell, ch 9] around, join.

Rnd 12: Sl st in next st, sl st in next ch sp, beg shell, ch 10, [shell in next shell, ch 10] around, join.

Rnd 13: Sl st in next st, sl st in next ch sp, beg shell, ch 11, [shell in next shell, ch 11] around, join.

Rnd 14: Sl st in next st, sl st in next ch sp, beg shell, ch 12, [shell in next shell, ch 12] around, join.

Rnd 15: Sl st in next st, sl st in next ch sp, beg shell, ch 13, [shell in next shell, ch 13] around, join. Fasten off.

FIRST FLOWER
Rnds 1–10: Rep same rnds of Center Flower.

Rnd 11: Join spruce with sl st in first ch sp, ch 1, (sc, hdc, 5 dc) in same ch sp, joining to last rnd of Doily, work **joining picot** *(see Special Stitches)* in any ch sp of any shell, (5 dc, hdc, sc) in same ch sp on this Flower, (sc, hdc, 5 dc, picot, 5 dc, hdc, sc) in each ch sp around, join. Fasten off.

NEXT FLOWER
Rnds 1–10: Rep same rnds of Center Flower.

Rnd 11: Join spruce with sl st in first ch sp, ch 1, (sc, hdc, 5 dc) in same ch sp, joining to last rnd of Doily, work joining picot in next shell to the right of last joined Flower, (5 dc, hdc, sc) in same ch sp on this Flower, *(sc, hdc, 5 dc) in next ch sp, work joining picot in first unworked picot of last joined Flower, (5 dc, hdc sc) in same ch sp on this Flower*, joining next picot of other Flower, rep between *, (sc, hdc, 5 dc, picot, 5 dc, hdc, sc) in each ch sp around, join. Fasten off.

Rep next flower 15 times for a total of 17 Flowers.

LAST FLOWER
Rnds 1–10: Rep same rnds of Center Flower.

Rnd 11: Join spruce with sl st in first ch sp, ch 1, (sc, hdc, 5 dc) in same ch sp, joining to last rnd of Doily, work joining picot in next shell to the right of last joined Flower, (5 dc, hdc, sc) in same ch sp on this Flower, ◊*(sc, hdc, 5 dc) in next ch sp, work joining picot in first unworked picot of last joined Flower, (5 dc, hdc sc) in same ch sp on this Flower, joining to next picot of other Flower, rep from *◊, (sc, hdc, 5 dc, picot, 5 dc, hdc, sc) in next ch sp, joining to corresponding picots of First Flower, rep between ◊, join. Fasten off.

EDGING
Rnd 1: Working around entire outer edge, join white with sc in unworked picot of any Flower, ch 11, [sc in next unworked picot of next Flower, ch 11, sc in next joining sc between Flowers, ch 11] around, join with sl st in beg sc. *(36 ch sps)*

Rnd 2: Beg shell, *sk next 3 chs, [shell in next ch, sk next 3 chs] twice, (tr, ch 3, tr) in next sc, sk next 3 chs, [shell in next ch, sk next 3 chs] twice**, shell in next sc, rep from * around, ending last rep at **, join, with sl st in top of beg shell. *(90 shells, 18 ch-3 sps)*

Rnd 3: Sl st in next st, sl st in next ch sp, ch 1, sc in same ch sp, [ch 5, sc in ch sp of next shell] twice, 7 tr in next ch-3 sp, *sc in ch sp of next shell, [ch 5, sc in ch sp of next shell] 4 times, 7 tr in next ch-3 sp, rep from * around to last 2 shells, [sc in next shell, ch 5] twice, join. *(72 ch sps, 18 tr-groups)*

Rnd 4: Sl st in each of next 2 chs, ch 1, sc in same ch sp, ch 5, sc in next ch sp, *(tr, ch 1, tr) in next tr, [ch 1, {tr in next tr, ch 1} twice, (tr, ch 1, tr) in next tr] twice**, sc in next ch sp, [ch 5, sc in next ch sp] 3 times, rep from * around, ending last rep at **, [sc in next ch sp, ch 5] twice, join.

Rnd 5: Sl st in each of next 2 chs, ch 1, sc in same ch sp, tr in next tr, [ch 2, tr in next tr] 9 times, *sc in next ch-5 sp, [ch 5, sc in next ch -5 sp] twice, tr in next tr, [ch 2, tr in next tr] 9 times, rep from * around to last 2 ch-5 sps, sc in next ch-5 sp, ch 5, sc in last ch-5 sp, to join ch 2, dc in first sc.

Rnd 6: Ch 1, sc around joining dc, tr in next tr, [ch 3, tr in next tr] 9 times, sc in next ch-5 sp, *ch 5, sc in next ch-5 sp, tr in next tr, [ch 3, tr in next tr] 9 times, sc in next ch-5 sp, rep from * around, join with ch 2, dc in first sc.

Rnd 7: Ch 1, sc around joining dc, sk next tr, shell in each of next 8 tr, sk next tr, *sc in next ch-5 sp, sk next tr, shell in each of next 8 tr, sk next tr, rep from * around, join with sl st in beg sc. Fasten off.

Dancing Butterflies

Design by Hartmut Hass

SKILL LEVEL

INTERMEDIATE

FINISHED SIZE
12½ inches in diameter

MATERIALS
- Crochet cotton size 20: 250 yds white
- Size 9/1.25mm steel crochet hook or size needed to obtain gauge

GAUGE
Rnds 1 & 2 = 1⅛ inches in diameter

SPECIAL STITCHES
Beginning double crochet decrease (beg dc dec): Ch 2, dc in next st.

V-stitch (V-st): (Dc, ch 2, dc) in indicated st or sp.

Beginning V-stitch (beg V-st): Ch 5 *(counts as first dc and ch 2)*, dc in same indicated st or sp.

Cluster (cl): Holding back on hook last lp of each st, 2 dc in indicated st or ch sp, yo, pull through all 3 lps on hook.

Beginning cluster (beg cl): (Ch 3, dc) in indicated st or ch sp.

INSTRUCTIONS
DOILY

Rnd 1 (RS): Ch 8, sl st in first ch to form a ring, ch 1, 16 sc in ring, join with sl st in beg sc. *(16 sc)*

Rnd 2: Beg dc dec *(see Special Stitches)*, ch 5, [dc dec *(see Stitch Guide)* in next 2 sts, ch 5] around, join with sl st in top of beg dc dec. *(8 ch-5 sps, 8 dc dec)*

Rnd 3: Sl st in first ch sp, ch 1, 5 sc in same ch sp, ch 3, [5 sc in next ch sp, ch 3] around, join with sl st in beg sc. *(8 ch-3 sps)*

Rnd 4: Ch 1, sc in each of first 2 sts, *ch 3, sk next sc, sc in each of next 2 sc, (sc, ch 3, sc) in next ch sp**, sc in each of next 2 sc, rep from * around, ending last rep at **, join. *(16 ch-3 sps)*

Rnd 5: Sl st in next sc and in next ch sp, **beg V-st** *(see Special Stitches)* in same ch sp, ch 3, [**V-st** *(see Special Stitches)* in next ch-3 sp, ch 3] around, join with sl st in 3rd ch of beg ch-5. *(16 V-sts)*

Rnd 6: Sl st in V-st ch sp, beg V-st in same ch sp, ch 5, [V-st in next V-st, ch 5] around, join with sl st in 3rd ch of beg ch-5. *(16 V-sts)*

Rnd 7: Sl st in V-st ch sp, beg V-st in same ch sp,*ch 3, dc in next ch-5 sp, ch 3**, V-st in next V-st, rep from * around, ending last rep at **, join. *(16 V-sts)*

Rnd 8: Sl st in V-st ch sp, beg V-st in same ch sp, *ch 2, sk dc of V-st, V-st in next dc, ch 2**, V-st in next V-st, rep from * around, ending last rep at **, join. *(32 V-sts)*

Rnd 9: Sl st in V-st, beg V-st in same ch sp, ch 3, [V-st in next V-st, ch 3] around, join. *(32 V-sts)*

Rnd 10: Sl st in V-st, beg V-st in same ch sp, ch 4, [V-st in next V-st, ch 4] around, join. *(32 V-sts)*

Rnd 11: Ch 3 *(counts as first dc throughout)*, *2 dc in ch sp of next V-st, dc in next dc, ch 4**, dc in first dc of next V-st, rep from * around, ending last rep at **, join with sl st in top of beg ch-3. *(32 4-dc groups)*

Rnd 12: Ch 5 *(counts as first dc and ch-2 throughout)*, *sk next 2 dc, dc in next

4 TABLETOP ELEGANCE • Annie's Attic • Berne, IN 46711 • www.AnniesAttic.com

dc, 5 dc in next ch sp**, dc in next dc, ch 2, rep from * around, ending last rep at **, join with sl st in 3rd ch of beg ch-5. *(32 7-dc groups)*

Rnd 13: Ch 5, *dc in next dc**, [ch 2, sk 2 dc, dc in next dc] twice, ch 2, rep from * around, ending last rep at **, ch 2, sk 2 dc, dc in next dc, ch 2, sk 2 dc, join. *(96 ch-2 sps)*

Rnd 14: Ch 5, [dc in next dc, ch 2] around, join. *(96 ch-2 sps)*

Rnd 15: Sl st in ch sp, ch 4 *(counts as first dc, ch-1 through out)*, dc in same ch sp, ch 1, *dc in next dc, ch 2, dc in next dc, [2 dc in next ch sp, dc in next dc] twice, [ch 2, dc in next dc] twice, 2 dc in next ch sp, dc in next dc, [ch 2, dc in next dc] twice, [2 dc in next ch sp, dc in next dc] twice, ch 2, dc in next dc, ch 1**, (dc, ch 1, dc) in next ch sp, rep from * around, ending last rep at **, join with sl st in 3rd ch of beg ch-4.

Rnd 16: Ch 5, *[dc in next dc, ch 2] twice, *dc in each of next 7 dc, 2 dc in next ch sp, dc in next dc, ch 2, dc in each of next 4 dc, ch 2, dc in next dc, 2 dc in next ch sp, dc in each of next 7 dc**, [ch 2, dc in next dc] 4 times, ch 2, rep from * around, ending last rep at **, ch 2, dc in next dc, ch 2, join with sl st in 3rd ch of beg ch-5.

Rnd 17: Ch 4, *(dc, ch 1, dc) in next ch sp, ch 1, dc in next dc, [ch 2, dc in next dc] twice, ch 2, sk next 2 dc, dc in each of next 7 dc, ch 2, dc in each of next 4 dc, ch 2, dc in each of next 7 dc, ch 2, sk next 2 dc, dc in next dc**, [ch 2, dc in next dc] twice, ch 1, rep from * around, ending last rep at **, ch 2, dc in next dc, ch 2, join with sl st in 3rd ch of beg ch-4.

Rnd 18: Ch 5, [dc in next dc, ch 2] 6 times, *[sk next 2 dc, dc in next dc, ch 2] twice, dc in each of next 4 dc, ch 2, [dc in next dc, ch 2, sk next 2 dc] twice**, [dc in next dc, ch 2] 10 times, rep from * around, ending last rep at **, [dc in next dc, ch 2] 3 times, join with sl st in 3rd ch of beg ch-5.

Rnd 19: Ch 5, dc in next dc, *ch 1, [dc, ch 1] twice in next ch sp, [dc in next dc, ch 2] 3 times, [dc in next dc, 2 dc in next ch sp] 3 times, dc in next dc, ch 2, dc in each of next 4 dc, ch 2, [dc in next dc, 2 dc in next ch sp] 3 times**, [dc in next dc, ch 2] 3 times, dc in next dc, rep from * around, ending last rep at **, [dc in next dc, ch 2] twice, join with sl st in 3rd ch of beg ch-5.

Rnd 20: Ch 5, [dc in next dc, ch 2] 5 times, *dc in next dc, 2 dc in next ch sp, dc in each of next 10 dc, ch 2, dc in next dc, ch 2, sk next 2 dc, dc in next dc, ch 2, dc in each of next 10 dc, 2 dc in next ch sp**, [dc in next dc, ch 2] 7 times, rep from * around, ending last rep at **, dc in next dc, ch 2, join with sl st in 3rd ch of beg ch-5.

Rnd 21: Ch 5, dc in next dc, ch 2, *dc in next dc, ch 1, (dc, ch 1) twice in next ch sp, [dc in next dc, ch 2] twice, dc in next dc, 2 dc in next ch sp, dc in next dc, ch 9, sk next 5 dc, dc in each of next 7 dc, ch 2, dc in next dc, 2 dc in next ch sp, dc in next dc, ch 2, dc in each of next 7 dc, ch 9, sk next 5 dc, dc in next dc, 2 dc in next ch sp**, [dc in next dc, ch 2] twice, rep from * around, ending last rep at **, join with sl st in 3rd ch of beg ch-5.

Rnd 22: Ch 5, *[dc in next dc, ch 2] 6 times, dc in each of next 3 dc, sk next ch, sc in each of next 7 chs, sk next ch and next dc, dc in each of next 3 dc, ch 2, sk next 2 dc, dc in next dc, ch 2, sk next ch sp, **cl** *(see Special Stitches)* in next dc, ch 8, sk next 2 dc, cl in next dc, ch 2, dc in next dc, ch 2, sk next 2 dc, dc in each of next 3 dc, sk next 3 chs, sc in each of next 7 chs, sk next ch and next dc**, dc in each of next 3 dc, ch 2, rep from * around, ending last rep at **, dc in each of next 2 dc, join with sl st in 3rd ch of beg ch-5.

Rnd 23: Ch 5, *[dc in next dc, ch 2] 7 times, sk next 2 dc, dc in each of next 7 sc, ch 2, sk next 2 dc, dc in next dc, ch 2, dc in next dc, cl in next cl, ch 8, sc in next ch-8 sp, ch 8, cl in next cl, dc in next dc, ch 2, dc in next dc, ch 2, sk next 2 dc, dc in each of next 7 sc, ch 2, sk next 2 dc**, dc in next dc, ch 2, rep from * around, ending last rep at **, join.

Rnd 24: Ch 5, dc in next dc, ch 2, dc in next dc, *cl in next dc, ch 11, cl in next dc, dc in next dc, [ch 2, dc in next dc] 3 times, [ch 2, sk next 2 dc, dc in next dc] twice, ch 2, dc in next dc, cl in next cl, [ch 10, sc in next ch sp] twice, ch 10, cl in next cl, sk next dc, dc in next dc, ch 2, sk next dc, dc in next dc, [ch 2, sk next 2 dc, dc in next dc] twice**, [ch 2, dc in next dc] 3 times, rep from * around, ending last rep at **, ch 2, join.

Rnd 25: Ch 5, dc in next dc, *cl in next cl, ch 10, sc in next ch sp, ch 10, cl in next cl, sk next dc, dc in next dc, [ch 2, dc in next dc] 4 times, cl in next cl, [ch 10, sc in next ch sp] 3 times, ch 10, cl in next cl, sk next dc, dc in next dc**, [ch 2, dc in next dc] 4 times, rep from * around, ending last rep at **, [ch 2, dc in next dc] twice, ch 2, join.

Rnd 26: Ch 3, *cl in next cl, [ch 10, sc in next ch sp] twice, ch 10, cl in next cl, sk next dc, [dc in next dc, ch 2] twice, dc in next dc, cl in next cl, [ch 10, sc in next ch sp] 4 times, ch 10, cl in next cl, sk next dc, [dc in next dc, ch 2] twice**, dc in next dc, rep from * around, ending last rep at **, join.

Rnd 27: Beg cl *(see Special Stitches)* in first st, *[ch 10, sc in next ch sp] 3 times, ch 10, cl in next cl, sk next dc, dc in next dc, cl in next cl, [ch 10, sc in next ch sp] 5 times, ch 10, cl in next cl, sk next dc, dc in next dc**, cl in next cl, rep from * around, ending last rep at **, join in top of beg cl. Fasten off. ❑❑

Hearts & Pineapples

Design by Jo Ann Maxwell

SKILL LEVEL

INTERMEDIATE

FINISHED SIZE
44 inches across

MATERIALS
- Crochet cotton size 10: 1600 yds ecru
- Size 2/2.20mm steel crochet hook or size needed to obtain gauge
- Stitch markers

GAUGE
Rnds 1–4 = 2¼ inches

SPECIAL STITCHES

Beginning cluster (beg cl): Ch 4 *(counts as first tr)*, yo twice, insert hook in st or ch sp, yo, pull lp through, [yo, pull through 2 lps on hook] twice, *yo, insert hook in same st or ch sp, yo, pull lp through, [yo, pull through 2 lps on hook] twice, rep from * twice, yo, pull through all lps on hook.

Cluster (cl): Yo twice, insert hook in st or ch sp, yo, pull lp through, [yo, pull through 2 lps on hook] twice, *yo, insert hook in same st or ch sp, yo, pull lp through, [yo, pull through 2 lps on hook] twice, rep from * 3 times, yo, pull through all lps on hook.

Picot: Ch 7, sl st in 4th ch from hook, ch 4.

Shell: (2 dc, ch 2, 2 dc) in next ch sp.

INSTRUCTIONS
DOILY
Rnd 1: Ch 8, sl st in first ch to form ring, ch 1, 2 sc in each ch around, join with sl st in beg sc. *(16 sc)*

Rnd 2: Ch 1, sc in first st, ch 3, *5 tr in next st, ch 3**, sc in next st, ch 3, rep from * around, ending last rep at **, join. *(8 petals)*

Rnd 3: Ch 1, sc in first st, working behind petals, ch 4, sk next 5 tr, [sc in next sc, ch 4, sk next 5 tr] around, join.

Rnd 4: Ch 1, sc in first st, ch 3, *7 tr in next ch sp, ch 3**, sc in next sc, ch 3, rep from * around, ending last rep at **, join.

Rnd 5: Ch 1, sc in first st, working behind petals, ch 6, sk all tr, [sc in next sc, ch 6] around, join. *(8 ch sps)*

Rnd 6: Ch 1, sc in first st, *(ch 4, sc) twice in next ch sp, ch 4, sc in next sc, ch 4, (sc, ch 4) 3 times in next ch sp**, sc in next sc, rep from * around, ending last rep at **, join. *(28 ch sps)*

Rnd 7: Sl st in center of next ch sp, ch 1, sc in same ch sp, ch 4, [sc in next ch sp, ch 4] around, join.

Rnd 8: Sl st to center of first ch sp, ch 1, sc in same ch sp, ch 5, [sc in next ch sp, ch 5] around, join.

Rnds 9 & 10: Sl st to center of first ch sp, ch 1, sc in same ch sp, ch 6, [sc in next ch sp, ch 6] around, join.

Rnd 11: Sl st to center of first ch sp, ch 1, sc in same ch sp, ch 7, [sc in next ch sp, ch 7] around, join.

Rnd 12: Sl st to 4th ch of first ch sp, **beg cl** *(see Special Stitches)* in same ch sp, ch 7, [**cl** *(see Special Stitches)* in 4th ch of next ch sp, ch 7] around, join with sl st in top of beg cl. *(28 cls)*

Rnd 13: Ch 1, sc in beg cl, ch 5, sc in

6 Tabletop ELEGANCE • Annie's Attic • Berne, IN 46711 • www.AnniesAttic.com

next ch sp, ch 5, [sc in next cl, ch 5, sc in next ch sp, ch 5] around, join.

Rnd 14: Sl st to center of first ch sp, ch 1, sc in same ch sp, ch 5, [sc in next ch sp, ch 5] around, join.

Rnd 15: Sl st to center of first ch sp, ch 1, sc in same ch sp, ch 6, [sc in next ch sp, ch 6] around, join.

Rnd 16: Sl st to center of first ch sp, ch 1, sc in same ch sp, [ch 7, sc in next ch sp, **picot** (see Special Stitches), sc in next ch sp] around, join.

Rnd 17: Sl st to 4th ch of next ch sp, beg cl in 4th ch, *ch 5, cl in 5th ch from hook, ch 8, cl in 5th ch from hook, sk picot**, cl in 4th ch of next ch-7 sp, rep from * around, ending last rep at **, join with sl st in top of beg cl.

Rnd 18: Beg cl in first cl, *ch 9, sc in next ch sp, ch 9, sk next cl**, cl in top of next cl to form cross, rep from * around, ending last rep at **, join with sl st in top of beg cl.

Rnds 19–23: Sl st to center of first ch sp, ch 1, sc in same ch sp, ch 9, [sc in next ch sp, ch 9] around, join.

Rnd 24: Sl st to 5th ch of first ch sp, ch 3 (counts as first dc), 4 dc in same ch (tip of heart), *[ch 9, sc in next ch sp] 6 times, ch 9**, 5 dc in 5th ch of next ch sp (tip of heart), rep from * around, ending last rep at **, join with sl st in top of ch-3. (8 hearts)

Rnd 25: Ch 3, 2 dc in same st, *dc in each of next 3 sts, 3 dc in next st, ch 3, sc in next ch sp, [ch 9, sc in next ch sp] 6 times, ch 3**, 3 dc in next st, rep from * around, ending last rep at **, join.

Rnd 26: Ch 3, dc in same st, *dc in each of next 3 sts, 2 dc in next st, dc in each of next 3 sts, 2 dc in next st, ch 9, sk ch-3 sp, [sc in next ch-9 sp, ch 9] 6 times, sk ch-3 sp**, 2 dc in next st, rep from * around, ending last rep at **, join.

Rnd 27: Ch 3, 2 dc in same st, *dc in each of next 10 sts, 3 dc in next st, ch 3, sc in next ch sp, [ch 9, sc in next ch sp] 6 times, ch 3**, 3 dc in next st, rep from * around, ending last rep at **, join.

Rnd 28: Ch 3, 2 dc in same st, *dc in each of next 6 sts, 2 dc in next st, dc in each of next 7 sts, 3 dc in next st, ch 5, sk next ch-3 sp, [sc in next ch-9 sp, ch 9] 5 times, sc in next ch-9 sp, ch 5, sk next ch-3 sp**, 3 dc in next st, rep from * around, ending last rep at **, join.

Rnd 29: Ch 3, dc in same st, *dc in each of next 19 sts, 2 dc in next st, ch 9, sk next ch-5 sp, [sc in next ch-9 sp, ch 9] 5 times, sk next ch-5 sp**, 2 dc in next st, rep from * around, ending last rep at **, join.

Rnd 30: Ch 3, dc in same st, *dc in each of next 21 sts, 2 dc in next st, ch 3, sc in next ch sp, [ch 9, sc in next ch sp] 5 times, ch 3**, 2 dc in next st, rep from * around, ending last rep at **, join.

Rnd 31: Ch 3, dc in same st, *[**dc dec** (see Stitch Guide) in next 2 sts] twice, dc in each of next 7 sts, (dc, ch 3, dc) in next st, dc in each of next 7 sts, [dc dec in next 2 sts] twice, 2 dc in next st, ch 9, sk next ch-3 sp, [sc in next ch-9 sp, ch 9] 5 times, sk next ch-3 sp**, 2 dc in next st, rep from * around, ending last rep at **, join.

Rnd 32: Ch 3, dc in same st, *dc in each of next 10 sts, 2 dc in next st, ch 3, sc in next ch sp, ch 3, 2 dc in next st, dc in each of next 10 sts, 2 dc in next st, [ch 9, sc in next ch-9 sp] 6 times, ch 9**, 2 dc in next st, rep from * around, ending last rep at **, join.

Rnd 33: Ch 3, *dc dec in next 2 sts, dc in each of next 11 sts, [ch 3, sc in next ch sp] twice, ch 3, dc in each of next 11 sts, dc dec in next 2 sts, dc in next st, [ch 9, sc in next ch sp] 7 times, ch 9**, dc in next st, rep from * around, ending last rep at **, join.

Rnd 34: Ch 1, sc in first st, *hdc in next st, [dc in next st, dc dec in next 2 sts] 3 times, hdc in next st, sc in next st, ch 9, sk next ch sp, sc in next ch-3 sp, ch 9, sk next ch-3 sp, sc in next st, hdc in next st, [dc dec in next 2 sts, dc in next st] 3 times, hdc in next st, sc in next st, ch 9, [sc in next ch sp, ch 9] 8 times**, sc in next st, rep from * around, ending with last rep at **, join with ch 4, tr in beg sc (forming last ch sp).

Rnd 35: Ch 1, sc in same ch sp, ch 9, *sk next 3 sts, sc in next st, ch 9, sk next 2 sts, sc in next st, [ch 9, sc in next ch sp] twice, ch 9, sk next 3 sts, sc in next st, ch 9, sk next 2 sts, sc in next st, ch 9**, [sc in next ch sp, ch 9] 8 times, rep from * around, ending last rep at **, ch 9, [sc in next ch sp, ch 9] around, join with sl st in beg sc.

Rnds 36–38: Sl st to center of first ch sp, ch 1, sc in same ch sp, ch 9, [sc in next ch sp, ch 9] around, join.

Rnd 39: Sl st to center of first ch sp, ch 1, sc in same ch sp, [ch 9, sc in next ch sp, picot, sc in next ch sp] around, join.

Rnd 40: Sl st to 5th ch of first ch sp, beg cl in 5th ch, *ch 5, cl in 5th ch from hook, ch 9, sl st in 5th ch from hook, sk next picot**, cl in 5th ch of next ch-9 sp, rep from * around, ending last rep at **, join with sl st in top of beg cl.

Rnd 41: Beg cl in first cl, *ch 9, sc in next ch sp, ch 9, sk next cl**, cl in top of next cl to form cross, rep from * around, ending last rep at **, join with sl st in top of beg cl.

Rnd 42: Sl st to center of first ch sp, ch 1, sc in same ch sp, ch 9, [sc in next ch sp, ch 9] around, join.

Rnd 43: Sl st to 4th ch of first ch-9 sp, ch 3, dc in same ch, (dc, ch 2, dc) in next ch, 2 dc in next ch, *ch 5, sc in next ch-9 sp, ch 5**, sk next 3 chs on next ch-9, 2 dc in next ch, (dc, ch 2, dc) in next ch, 2 dc in next ch, rep from * around, ending last rep at **, join.

Rnd 44: Sl st in each of next 2 sts, ch 3, ***shell** (see Special Stitches) in next ch sp, dc in next st, ch 10, sk next 2 ch-5 sps, sc in next ch-2 sp, ch 14, sk next 2 ch-5 sps, sc in next ch-2 sp, ch 10, sk next 2 ch-5 sps** and next 2 sts, dc in next st, rep from * around, ending last rep at **, join.

Rnd 45: Ch 3, sk next st, dc in next st, *(dc, ch 2, 3 dc, ch 2, dc) in ch sp of shell, dc in each of next 2 sts of same shell, ch 5, sc in next ch-10 sp, tr in first ch of ch-14, [ch 1, tr in next ch] 13 times, sc in next ch-10 sp, ch 5**, sk next dc, dc in each of next 2 dc of shell, rep from * around, ending last rep at **, join.

Rnd 46: Sl st in each of next 2 sts, ch 3,*shell in next ch-2 sp, dc in next st, sk next st, dc in next st, shell in next ch-2 sp, dc in next st, [ch 3, sc in next tr] 14 times, ch 3, sk next sc and next ch-5 sp**, sk next 2 dc, dc in next dc, rep from * around, ending last rep at **, join.

Rnd 47: Sl st in each of next 2 sts, ch 3, *shell in next ch sp, dc in next dc of same shell, ch 1, sk next 4 dc, dc in next dc, shell in next ch sp, dc in next dc of same shell, ch 3, sk next ch-3 sp, [sc in next ch-3 sp, ch 3] 13 times, sk next ch-3 sp** and next 2 dc, dc in next dc, rep from * around, ending last rep at **, join.

Rnd 48: Sl st in each of next 2 sts, ch 3, *shell in next ch sp, dc in next dc of same shell, ch 2, sk next 4 dc, dc in next dc, shell in next ch sp, dc in next dc of same shell, ch 3, sk next ch-3 sp, [sc in next ch-3 sp, ch 3] 12 times, sk next ch-3 sp** and next 2 dc, dc in next dc, rep from * around, ending last rep at **, join.

Rnd 49: Sl st in each of next 2 sts, ch 3, *shell in next ch sp, dc in next dc of same shell, ch 2, sk next 4 dc, dc in next dc, shell in next ch sp, dc in next dc of same shell, ch 3, sk next ch-3 sp, [sc in next ch-3 sp, ch 3] 11 times, sk next ch-3 sp** and next 2 dc, dc in next dc, rep from * around, ending last rep at **, join.

Rnd 50: Sl st in each of next 2 sts, ch 3, *shell in next ch sp, dc in next dc of same shell, ch 3, (sl st, ch 3, sl st) in 2nd ch of next ch-3 sp, sk next 2 dc, dc in next dc, shell in next ch sp *(mark 2nd dc on this shell of each pineapple around)*, dc in next dc of same shell, ch 3, sk next ch-3 sp, [sc in next ch-3 sp, ch 3] 10 times, sk next ch-3 sp** and next 2 dc, dc in next dc, rep from * around, ending last rep at **, join. Fasten off.

Pineapple

Row 1: Working in rows, join with sl st in marked dc, ch 3, shell in next ch sp, dc in next dc of same shell, ch 3, sk next ch-3 sp, [sc in next ch-3 sp, ch 3] 9 times, sk next ch-3 sp and next 2 dc, dc in next dc, shell in next ch sp, dc in next dc, turn.

Rows 2–9: Ch 3, sk next dc, dc in next dc, shell in next ch sp, dc in next dc of same shell, ch 3, sk next ch-3 sp, [sc in next ch-3 sp, ch 3] across to last ch-3 sp, sk next ch-3 sp and next 2 dc, dc in next dc, shell in next ch sp, dc in next dc, turn.

Row 10: Ch 3, sk next dc, dc in next dc, shell in next ch sp, dc in next dc of same shell, sk next 4 dc, dc in next dc, shell in next ch sp, dc in next dc of same shell, turn.

Row 11: Ch 3, sc in next ch sp, ch 3, sl st in top of last sc, sc in next ch sp, ch 3, sk next 2 dc, sl st in next dc. Fasten off.

Rep Pineapple around for a total of 18 Pineapples.❑❑

Floral Filet

Design by Lori Zeller

SKILL LEVEL

EASY

FINISHED SIZE
9 x 19 inches

MATERIALS
- Crochet Cotton size 10: 300 yds ecru
- Size 6/1.80mm steel hook or size needed to obtain gauge

GAUGE
20 dc = 2 inches, 9 rows = 2 inches

SPECIAL STITCHES
Beginning block (beg block): Ch 3 *(counts as first dc)*, dc in each of next 3 sts.

Block: Dc in each of next 3 sts or 2 dc in next ch sp, dc in next st.

Mesh: Ch 2, sk next sts or chs, dc in next st.

Joining chain spaces (j-ch sps): Sc around side of next dc, sc around side of next dc, ch 2, sl st in corresponding ch-5 sp of previous Strip, ch 2, sc around side of same dc.

Picot: Ch 5, sc in 5th ch from hook.

INSTRUCTIONS
TABLE RUNNER
First Strip

Row 1: Ch 30, dc in 4th ch from hook and in each ch across, turn. *(28 dc)*

Rows 2–23: Work according to graph using Special Stitches as needed.

Rows 24–84: Rep rows 13–24 between arrows on graph consecutively.

Row 85: Ch 3, dc in each st and in each ch across, **do not turn.**

Rnd 86: Now working in rnds, sl st around side of last dc made, ch 1, (sc, ch 5, sc) around same dc, **sc around side of next dc, (dc, ch 5, sc) around side of next dc**, rep between ** across side of Strip, mark last ch-5 sp made, *ch 2, working in starting ch on opposite side of row 1, (sc, ch 5, sc) in first ch, sk next 2 chs, [sc in next ch, sk next ch, (sc, ch 5, sc) in next ch, sk next ch] twice, sc in next ch, sk next ch, sc in next ch, ch 5, [sc in next ch, sk next ch, (sc, ch 5, sc) in next ch, sk next ch] twice, sc in next ch, sk next 2 chs, (sc, ch 5, sc) in next ch, ch 2*, (sc, ch 5, sc) around side of last st of first row, rep between ** along side of strip, working across sts and chs, rep between * once, join with sl st in beg sc. Fasten off.

Second & Third Strips

Rows 1–85: Rep rows 1–85 of First Strip.

Rnd 86: Now working in rnds, work same as rnd 86 of First Strip working **j-ch sps** *(see Special Stitches)* across one long edge to join Strips together.

Edging
Join with sl st in ch-5 sp at top left corner to work down one long edge, ch 3, 2 dc in same ch sp, **picot** *(see Special Stitches)*, *[3 dc in next ch-5 sp, picot] across to last ch-5 sp, 3 dc in last ch-5 sp, picot 3 times, rep from * around, join with sl st in top of beg ch-3. Fasten off.

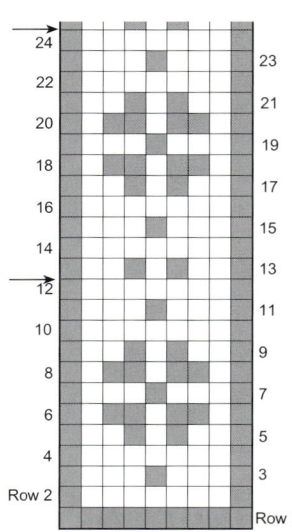

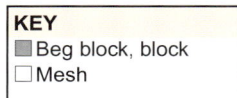

KEY
- Beg block, block
- Mesh

Lavender Lace

Design by Shirley Patterson

SKILL LEVEL

INTERMEDIATE

FINISHED SIZE
56 inches square

MATERIALS
- ❑ Crochet cotton size 10: 3,450 yds lavender
- ❑ Size 5/1.90mm steel hook or size needed to obtain gauge

GAUGE
Rnds 1–2 = 2 inches

SPECIAL STITCHES

Beginning cluster (beg cl): Ch 4, yo twice, insert hook in next st, yo, pull lp through, [yo, pull through 2 lps on hook] twice, *yo twice, insert hook in same st, yo, pull lp through st, [yo, pull through 2 lps on hook] twice, rep from * once, yo, pull through all lps on hook.

Cluster (cl): Yo twice, insert hook in next st, yo, pull lp through, [yo, pull through 2 lps on hook] twice, *yo twice, insert hook in same st, yo, pull lp through st, [yo, pull through 2 lps on hook] twice, rep from * twice, yo, pull through all lps on hook.

Joining shell (j-shell): 4 tr in corner ch sp, ch 2, sl st in corresponding corner ch sp on adjacent Motif, ch 2, 4 tr in same corner ch sp on this motif.

Joined chain space (j-ch sp): Ch 5, sl st in corresponding ch sp on adjunct Motif, ch 5.

Picot cluster (picot-cl): Yo twice, insert hook in next st, yo, pull lp through, [yo, pull through 2 lps on hook] twice, *yo twice, insert hook in same st, yo, pull lp through st, [yo, pull through 2 lps on hook] twice, rep from * once, yo, pull through all lps on hook, ch 3, sl st in top of cl just made.

INSTRUCTIONS
TABLECLOTH
First Motif

Rnd 1: Ch 6, sl st in first ch to form ring, ch 4 *(does not count as st)*, 32 tr in ring, join with sl st in beg tr. *(32 tr)*

Rnd 2: Beg cl *(see Special Stitches)* in first st, *ch 5, sk next st, sc in next st, ch 5, sk next st**, **cl** *(see Special Stitches)* in next st, rep from * around, ending last rep at **, join with sl st in beg cl. *(8 cl, 8 sc)*

Rnd 3: Ch 4 *(counts as first tr)*, (tr, ch 3, 2 tr) in same st, *ch 7, (dc, ch 5, dc) in next cl, ch 7**, (2 tr, ch 3, 2 tr) in next cl, rep from * around, ending last rep at **, join with sl st in top of beg ch-4.

Rnd 4: Sl st to ch sp, ch 4, (3 tr, ch 4, 4 tr) in same ch sp *(corner)*, *[ch 7, sc in center ch of next ch sp] 3 times, ch 7**, (4 tr, ch 4, 4 tr) in next ch-3 sp *(corner)*, rep from * around, ending last rep at **, join.

Rnd 5: Sl st to ch sp, (ch 4, 3 tr, ch 5, 4 tr) in same ch sp, *[ch 5, sc in center ch of next ch sp] twice, ch 9, [sc in center ch of next ch sp, ch 5] twice**, (4 tr, ch 5, 4 tr) in next ch-4 sp, rep from * around, ending last rep at **, join. Fasten off.

Second Motif
Rnd 1: Ch 6, sl st in first ch to form ring, ch 4 *(does not count as st)*, 32 tr in ring, join with sl st in beg tr. *(32 tr)*

Rnd 2: Beg cl in first st, *ch 5, sk next st, sc in next st, ch 5, sk next st**, cl in next st, rep from * around, ending last rep at **, join with sl st in beg cl. *(8 cl, 8 sc)*

Rnd 3: Ch 4 *(counts as first tr)*, (tr, ch 3, 2 tr) in same st, *ch 7, (dc, ch 5, dc) in next cl, ch 7**, (2 tr, ch 3, 2 tr) in next cl, rep from * around, ending last rep at **, join with sl st in top of beg ch-4.

Rnd 4: Sl st to ch sp, ch 4, (3 tr, ch 4, 4 tr) in same ch sp *(corner)*, *[ch 7, sc in center ch of next ch sp] 3 times, ch 7**, (4 tr, ch 4, 4 tr) in next ch-3 sp *(corner)*, rep from * around, ending last rep at **, join.

Rnd 5: Sl st to ch sp, (ch 4, 3 tr, ch 5, 4 tr) in same ch sp, [ch 5, sc in center ch of next ch sp] twice, ch 9, [sc in center ch of next ch sp, ch 5] twice, ◊**j-shell** *(see Special Stitches)* in next ch-4 sp, [ch 5, sc in center ch of next ch sp] twice, **j-ch sp** *(see Special Stitches)*, [ch 5, sc in center ch of next ch sp] twice◊, j-shell in next ch-4 sp◊◊ *[ch 5, sc in center ch of next ch sp] twice, ch 9, [sc in center ch of next ch sp, ch 5] twice**, (4 tr, ch 5, 4 tr) in next ch-4 sp, rep from * around, ending last rep at **, join. Fasten off.

Make 98 more Second Motifs joining by working between ◊ for as many joined sides as needed, ending last side at ◊◊.

Make 10 rows of 10 Motifs.

BORDER
Rnd 1: Join with sc in corner ch sp, 6 sc in same ch sp, *evenly sp 455 sc across to next corner**, 7 sc in each corner ch sp, rep from * around, ending last rep at **, join with sl st in beg sc.

Rnd 2: Ch 1, sc in first st, ch 7, sk next 5 sts, sc in next st, *ch 9, sk next 9 sts, sc in next st, ch 5, sk next 5 sts, sc in next st, ch 9, sk next 9 sts, sc in next st, ch 5, sk next 5 sts, [sc in next st, ch 30, sk next 23 sts, sc in next st, ch 5, sk next 5 sts, sc in next st, ch 9, sk next 9 sts, sc in next st, ch 5, sk next 5 sts] 9 times, sc in next st, ch 9, sk next 9 sts**, sc in next st, ch 7, sk next 5 sts, sc in next st, rep from * around, ending last rep at **, join.

Rnd 3: Sl st in ch sp, ch 4, 14 tr in same ch sp, *15 tr in next ch-9 sp, sc in next ch-5 sp, [15 tr in next ch-9 sp, sc in next ch-5 sp, 45 tr in next ch-30 sp, sc in next ch-5 sp] 9 times, 15 tr in next ch-9 sp, sc in next ch-5 sp, 15 tr in next ch-9 sp**, 15 tr in next ch-7 sp, rep from * around, ending last rep at **, join.

Rnd 4: Ch 3 *(does not count as a st)*, dc in first st, ch 1, sk next st, ◊[dc in next st, ch 1, sk next st] twice, (dc, ch 1, dc) in each of next 3 sts, [ch 1, sk next st, dc in next st] 3 times, [dc in next st, ch 1, sk next st] 7 times, dc in next st, sk sc, *[dc in next st, ch 1, sk next st] 7 times, dc in next st, sk sc, [dc in next st, ch 1, sk next st] 22 times, dc in next st, sk sc, rep from * 8 times, [dc in next st, ch 1, sk next st] 7 times, dc in next st, sk sc, [dc in next st, ch 1, sk next st] 7 times, dc in next st◊◊, dc in next st, rep from ◊ around, ending last rep at ◊◊, join with sl st in top of beg dc.

Rnd 5: Sl st in ch sp, ch 4 *(not counted as st)*, **p-cl** *(see Special Stitches)* in same ch sp, ◊[ch 1, p-cl in next ch sp] 8 times, ch 1, sk next 2 sts and next ch sp, [p-cl in next ch sp, ch 1] 5 times, sk next ch sp, next 2 sts and next 2 ch sps, *[p-cl in next ch sp, ch 1] 3 times, sk next 2 ch sps, next 2 sts and next 2 ch sps, [p-cl in next ch sp, ch 1] 18 times, sk next 2 ch sps, next 2 sts and next 2 ch sps, rep from * 8 times, [p-cl in next ch sp, ch 1] 3 times, sk next 2 ch sps, next 2 sts and next 2 ch sps, [p-cl in next ch sp, ch 1] 5 times, sk next 2 ch sps◊◊, next 2 sts and next ch sp, p-cl in next ch sp, rep from ◊ around, ending last rep at ◊◊, join with sl st in top of beg p-cl. Fasten off. ❑❑

Pineapple Lace

Design by Cora Rattle

SKILL LEVEL

INTERMEDIATE

FINISHED SIZE
50 x 71 inches

MATERIALS
- ❑ Crochet cotton size 10: 6,000 yds peach
- ❑ Size 6/1.80mm steel crochet hook or size needed to obtain gauge

GAUGE
Rnds 1 and 2 = 1 inch

SPECIAL STITCHES
Picot: Ch 3 sl st in top of last st made.

Joining chain-7 space (j-ch-7 sp): Ch 3, sl st in corresponding ch sp on adjacent Motif, ch 3, sc in next ch sp on this motif.

INSTRUCTIONS
TABLECLOTH
First Motif

Rnd 1: Ch 4, sl st in first ch to form ring, ch 1, 12 sc in ring, join with sl st in beg sc. *(12 sc)*

Rnd 2: Ch 3 *(counts as first dc)*, dc in same st, 2 dc in each st around, join with sl st in top of beg ch-3. *(24 dc)*

Rnd 3: Ch 1, sc in first st, *ch 7, sk next 3 sts, sc in each of next 2 sts, **picot** *(see Special Stitches)***, sc in next st, rep from * around, ending last rep at **, join with sl st in beg sc.

Rnd 4: Sl st in next ch sp, ch 3 *(counts as first dc)*, 9 dc in same ch sp, ch 5, [10 dc in next ch-7 sp, ch 5] around, join with sl st in top of beg ch-3. *(40 dc)*

Rnd 5: Ch 4 *(counts as dc and ch 1)*, dc in next st, [ch 1, dc in next st] 8 times, *ch 2, (sc, picot, sc) in next ch sp, ch 2**, dc in next st, [ch 1, dc in next st] 9 times, rep from * around, ending last rep at **, join with sl st in 3rd ch of beg ch-4.

Rnd 6: Sl st in next ch-1 sp, ch 1, sc in same ch sp, *[ch 3, sc in next ch-1 sp] 8 times**, ch 7, sc in next ch-1 sp, rep from * around, ending last rep at **, ch 3 join with tr in beg sc *(forms ch sp)*.

Rnd 7: Ch 3, 2 dc in same ch sp just made, *ch 3, [sc in next ch-3 sp, ch 3] 8 times**, 5 dc in next ch-7 sp, rep from * around, ending last rep at **, 2 dc in same ch sp as first ch 3, join with sl st in top of beg ch-3.

Rnd 8: Ch 3, dc in each of next 2 sts, *ch 3, sk next ch-3 sp, [sc in next ch-3 sp, ch 3] 7 times, sk next ch-3 sp, dc in each of next 2 sts**, (dc, ch 7, dc) in next st, dc in each of next 2 sts, rep from * around, ending last rep at **, dc in same st as first ch-3, ch 7, join.

Rnd 9: Ch 3, dc in each of next 2 sts, *ch 3, sk next ch-3 sp, [sc in next ch-3 sp, ch 3] 6 times, sk next ch-3 sp, dc in each of next 3 sts, ch 7, (sc, picot, sc) in next ch-7 sp, ch 7**, dc in each of next 3 sts, rep from * around, ending last rep at **, join.

Rnd 10: Ch 3, dc in each of next 2 sts, *ch 3, sk next ch-3 sp, [sc in next

12 Tabletop Elegance • Annie's Attic • Berne, IN 46711 • www.AnniesAttic.com

ch-3 sp, ch 3] 5 times, sk next ch-3 sp, dc in each of next 3 sts, [ch 7, (sc, picot, sc) in next ch-7 sp] twice, ch 7**, dc in each of next 3 sts, rep from * around, ending last rep at **, join.

Rnd 11: Ch 3, dc in each of next 2 sts, *ch 3, sk next ch-3 sp, [sc in next ch-3 sp, ch 3] 4 times, sk next ch-3 sp, dc in each of next 3 sts, ch 7, sc in next ch-7 sp, ch 7, (sc, picot, sc) in next ch-7 sp, ch 7, sc in next ch-7 sp, ch 7** dc in each of next 3 sts, rep from * around, ending last rep at **, join.

Rnd 12: Ch 3, dc in each of next 2 sts, *ch 3, sk next ch-3 sp, [sc in next ch-3 sp, ch 3] 3 times, sk next ch-3 sp, dc in each of next 3 sts, ch 7, sc in next ch-7 sp, [ch 7, (sc, picot, sc) in next ch-7 sp] twice, ch 7, sc in next ch-7 sp, ch 7**, dc in each of next 3 sts, rep from * around, ending last rep at **, join.

Rnd 13: Ch 3, dc in each of next 2 sts, *ch 3, sk next ch-3 sp, [sc in next ch-3 sp, ch 3] twice, sk next ch-3 sp, dc in each of next 3 sts, [ch 7, sc in next ch-7 sp] twice, ch 7, 5 dc in next ch-7 sp, [ch 7, sc in next ch sp] twice, ch 7**, dc in each of next 3 sts, rep from * around, ending last rep at **, join.

Rnd 14: Ch 3, dc in each of next 2 sts, *ch 3, sk next ch-3 sp, sc in next ch-3 sp, ch 3, sk next ch-3 sp, dc in each of next 3 sts, [ch 7, sc in next ch-7 sp] 3 times, ch 7, dc in each of next 2 sts, (dc, ch 7, dc) in next st, dc in each of next 2 sts, [ch 7, sc in next ch-7 sp] 3 times, ch 7**, dc in each of next 3 sts, rep from * around, ending last rep at **, join.

Rnd 15: Ch 2, **dc dec** *(see Stitch Guide)* in next 5 dc, *[ch 7, sc in next ch-7 sp] 4 times, ch 7, dc dec in next 3 sts, ch 7, (sc, picot, sc) in next ch-7 sp *(corner)*, ch 7, dc dec in next 3 sts, [ch 7, sc in next ch sp] 4 times**, dc dec in next 6 dc, rep from * around, ending last rep at **, join with sl st in top of dc dec. Fasten off.

Second Motif
Make 69

Rnds 1–14: Rep rnds 1–14 of First Motif.

Rnd 15: Work same as rnd 15 of First Motif, working **j-ch-7 sp** *(see Special Stitches)* across edges to be joined leaving corners unjoined.

Join Motifs making 10 rows of 7 Motifs.

Fill-in Flower

Rnd 1: Ch 4, sl st in first ch to form ring, ch 1, 12 sc in ring, join with sl st in beg sc. *(12 sc)*

Rnd 2: Ch 1, sc in first st, *ch 3, sc in joining between Motifs, ch 3, sc in next st on Flower, sc in next st, picot**, sc in next st, rep from * around, ending last rep at **, join with sl st in beg sc. Fasten off.

Work Fill-in Flower in spaces between Motifs as shown in photo.

Edging

With RS facing, join with sc in any corner ch sp, picot, sc in same ch sp, ch 5, (sc, picot, sc, ch 5) in each ch sp around outer edge, join with sl st in beg sc. Fasten off.

Diamonds Among The Roses

Design by Shirley Patterson

SKILL LEVEL

INTERMEDIATE

FINISHED SIZE
34 inches square

MATERIALS
- Crochet cotton size 10:
    1,100 yds shaded pinks
    1,000 yds white
    800 yds rose
    400 yds jade
- Size 5/1.90mm steel crochet hook or size needed to obtain gauge

GAUGE
Rnds 1–2 = 1½ inches

SPECIAL STITCHES
Cluster (cl): Yo twice, insert hook in ch sp or st, yo, pull lp through, [yo, pull through 2 lps on hook] twice, *yo twice, insert hook in same ch sp or st, yo, pull lp through, [yo, pull through 2 lps on hook] twice, rep from * once, yo, pull through all lps on hook.

Puff stitch (puff st): yo, insert hook in st, yo, pull up ½ inch lp, [yo, insert hook in same st, yo, pull up ½ inch lp] twice, yo, pull through all lps on hook.

Picot: Ch 3, sl st in top of sc just made.

Beginning shell (beg shell): Ch 3 *(counts as first dc)*, (dc, ch 3, 2 dc) in same ch sp or st.

Shell: (2 dc, ch 3, 2 dc) in st or ch sp.

Single crochet decrease (dec): Sk 5 sts between, sc next st and 6th st tog *(forms a pleat)*.

INSTRUCTIONS
MOTIF
Make 41.
Rnd 1: With jade, ch 4, sl st in first ch to form ring, ch 1, 12 sc in ring, join with sl st in beg sc. Fasten off. *(12 sc)*

Rnd 2: Join rose with sl st in any st, (ch 4, **cl**—*see Special Stitches*, ch 4) in same st, ch 1, sk next st, [(ch 4, cl, ch 4) in next st, ch 1, sk next st] around, join with sl st in joining sl st. Fasten off. *(6 cls)*

Rnd 3: Join shaded pinks with sc in top of any cl, ch 4, tr in ch-1 sp between cls, ch 4, [sc in top of next cl, ch 4, tr in ch-1 sp between cl, ch 4] around, join with sl st in beg sc. Fasten off. *(12 ch sps)*

Rnd 4: Join white with sl st in any ch sp, ch 3 *(counts as first dc)*, (2 dc, ch 3, 3 dc) in same ch sp *(corner)*, ch 1, *[3 dc in next ch sp, ch 1] twice**, (3 dc, ch 3, 3 dc) in next ch sp *(corner)*, ch 1, rep from * around, ending last rep at **, join with sl st in top of beg ch-3. Fasten off.

Rnd 5: Join shaded pinks with sl st in corner ch sp, **beg shell** *(see Special Stitches)* in same ch sp, *ch 1, sk next 2 sts, dc in next st, dc in next ch sp, dc in each of next 3 sts, ch 1, sk next ch sp, dc in each of next 3 sts, dc in next ch sp, dc in next st, ch 1, sk next 2 sts**, **shell** *(see Special Stitches)* in corner ch sp, rep from * around, ending last rep at **, join.

Rnd 6: Sl st to ch sp, beg shell in same ch sp, *ch 1, sk next dc of shell, dc in next dc, dc in next ch sp, dc in each of next 4 dc, ch 3, sk next dc, next ch-1 sp, and next dc, dc in each of next 4 dc, dc in next ch sp, dc in next dc of shell, ch 1**, shell in ch sp of same shell, rep from * around, ending last rep at **, join. Fasten off.

Rnd 7: Join white with sl st in any corner ch sp, beg shell, *ch 1, sk next dc, dc in next dc, dc in next ch sp, dc in each of next 5 dc, ch 5, sk next dc, next ch sp and next dc, dc in each of next 5 dc, dc in next ch sp, dc in next st, ch 1, sk next dc**, shell in next ch sp, rep from * around, ending last rep at **, join.

Rnd 8: Sl st to ch sp, beg shell, *ch 1, sk next dc, dc in next dc, dc in next ch sp, dc in each of next 7 dc, dc in first ch of ch-5, ch 3, sk next 3 chs, dc in next ch, dc in each of next 7 dc, dc in next ch sp, dc in next st, ch 1, sk next dc**, shell in next ch sp, rep from * around, ending last rep at **, join.

Rnd 9: Sl st to ch sp, beg shell, *ch 1, sk next dc, dc in next dc, dc in next ch sp, dc in each of next 10 dc, dc in first ch of ch-3, ch 1, sk next ch, dc in next ch, dc in each of next 10 dc, dc in next ch sp, dc in next st, ch 1, sk next dc**, shell in next ch sp, rep from * around, ending last rep at **, join. Fasten off.

Joining
With WS tog, matching sts, beg in corner ch sp, sl st across ending in next corner ch sp *(forms a ridge on RS)*. Fasten off.

Make 2 strips of 3 Motifs, 2 strips of 5 Motifs, 2 strips of 7 Motifs and 1 strip of 9 Motifs.

Sl st strips and rem Motifs tog according to illustration.

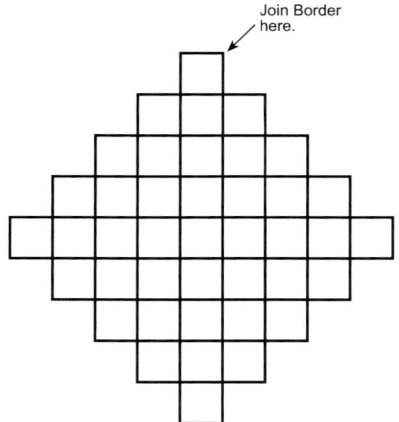
Join Border here.

BORDER
Rnd 1: Join white with sl st in corner ch sp as shown on illustration, beg shell, *ch 1, sk next dc, dc in next dc on shell, dc in next ch sp, dc in each of next 13 dc, dc in next ch sp, dc in each of next 13 dc, dc in next ch sp, dc in next dc, ch 1, sk next dc, [shell in corner ch sp, ch 1, sk next dc, dc in next dc of same shell, dc in next ch sp, dc in each of next 13 dc, dc in next ch sp, dc in each of next 13 dc, dc in next ch sp, dc in next dc, ch 1, **dc dec** *(see Stitch Guide)* in next corner ch sp, next seam and next corner ch sp, ch 1, sk next dc, dc in next dc, dc in next ch sp, dc in each of next 13 dc, dc in next ch sp, dc in each of next 13 dc, dc in next ch sp, dc in next dc, ch 1, sk next dc] 4 times**, shell in next corner ch sp, rep from * around, ending last rep at **, join. Fasten off.

Rnd 2: Join shaded pinks with sl st in first corner ch sp, beg shell, *ch 1, sk next dc, dc in next dc on same shell, dc in next ch sp, dc in each of next 13 dc, ch 1, sk next 2 dc, shell in next ch sp, ch 1, sk next 2 dc, dc in each of next 13 dc, dc in next ch sp, dc in next dc, ch 1, sk next dc, [shell in corner ch sp, ch 1, sk next dc, dc in next dc on same shell, dc in next ch sp, dc in each of next 29 dc, dc dec in next 2 dc, next 2 ch sps and next 2 dc, dc in each of next 29 dc, dc in next ch sp, dc in next dc, ch 1, sk next dc] 4 times**, shell in next ch sp, rep from * around, ending last rep at **, join. Fasten off.

Rnd 3: Join white with sl st in first corner ch sp, beg shell, *ch 1, sk next dc, dc in next dc on same shell, dc in next ch sp, dc in each of next 15 dc, dc in next ch sp, ch 1, shell in next ch sp, ch 1, sk next 2 dc of shell, dc in next ch sp, dc in each of next 15 dc, dc in next ch sp, dc in next dc, ch 1, sk next dc, [shell in next ch sp, ch 1, sk next dc, dc in next dc of same shell, dc in each of next 13 sts, ch 25, sk sts between, dc in corresponding dc of next Motif, dc in each of next 12 dc, dc in next ch sp, dc in next dc, ch 1, sk next dc] 4 times**, shell in next ch sp, rep from * around, ending last rep at **, join.

Rnd 4: Sl st to ch sp, beg shell, *ch 1, sk next dc, dc in next dc of same shell, dc in next ch sp, dc in each of next 16 dc, dc dec in next 2 dc, dc in next ch sp, ch 1, shell in next ch sp, ch 1, sk next 2 dc, dc in next ch sp, dc dec in next 2 dc, dc in each of next 16 dc, dc in next ch sp, dc in next st, ch 1, sk next dc, [shell in next ch sp, ch 1, sk next dc, dc in next dc of shell, dc in next ch sp, dc in each of next 13 dc, sk next 2 dc and next 2 chs, dc in each of next 9 chs, ch 1, sk next ch, shell in next ch, ch 1, sk next ch, dc in each of next 9 chs, sk next 2 chs and next 2 dc, dc in each of next 13 dc, dc in next ch sp, dc in next st, ch 1, sk next st] 4 times**, shell in next ch sp, rep from * around, ending last rep at **, join.

Rnd 5: Sl st to ch sp, beg shell, *ch 1, sk next dc, dc in next dc of same shell, dc in next ch sp, dc in each of next 18 dc, dc dec in next 2 dc, dc in next ch sp, ch 1, shell in next ch sp, ch 1, sk next 2 dc, dc in next ch sp, dc dec in next 2 dc, dc in each of next 18 dc, dc in next ch sp, dc in next dc, ch 1, sk next dc, [shell in next ch sp, ch 1, sk next dc, dc in next dc of same shell, dc in next ch sp, dc in each of next 13 dc, ch 1, sk next 4 dc, dc in each of next 7 dc, dc in next ch sp, dc in next dc, ch 1, shell in next ch sp, ch 1, sk next dc, dc in next dc of same shell, dc in next ch sp, dc in each of next 7 dc, ch 1, sk next 4 dc, dc in each of next 13 dc, dc in next ch sp, dc in next dc, ch 1, sk next st] 4 times**, shell in next ch sp, rep from * around, ending last rep at **, join.

Rnd 6: Sl st to ch sp, beg shell, *ch 1, sk next dc, dc in next dc of same shell, dc in next ch sp, dc in each of next 20 dc, dc dec in next 2 dc, dc in next ch sp, ch 1, shell in next ch sp, ch 1, sk next 2 dc, dc in next ch sp, dc dec in next 2 dc, dc in each of next 20 dc, dc in next ch sp, dc in next dc, ch 1, sk next dc, [shell in next ch sp, ch 1, sk next dc, dc in next dc of same shell, dc in next ch sp, dc in each of next 13 dc, ch 1, sk next 4 dc, dc in each of next 7 dc, dc in next ch sp, dc in next dc, ch 1, shell in next ch sp, ch 1, sk next dc, dc in next dc of same shell, dc in next ch sp, dc in each of next 7 dc, ch 1, sk next 4 dc, dc in each of next 13 dc, dc in next ch sp, dc in next dc, ch 1, sk next dc] 4 times**, shell in next ch sp, rep from * around, ending last rep at **, join.

Rnd 7: Sl st to ch sp, beg shell, **ch 1, sk next dc, [dc in next ch or dc, ch 1, sk next st or ch] 13 times, dc in next dc or ch, ch 1, sk next 2 dc, shell in shell, ch 1, sk next 2 dc, [dc in next ch or dc, ch 1, sk next dc or ch] 13 times, dc in next dc or ch, ch 1, sk next 2 dc, *shell in next shell, ch 1, sk next 2 dc, dc in next dc or ch, [ch 1, sk next dc or ch, dc in next ch or dc] 7 times, ch 1, sk next dc, next ch sp, and next dc, dc in next dc or ch, [ch 1, sk next dc or ch, dc in next dc or ch] 4 times, ch 1, sk next 2 dc, shell in shell, ch 1, sk next 2 dc, [dc in next dc or ch, ch 1, sk next dc or ch] 4 times, dc in next dc, ch 1, sk next dc, next ch and next dc, [dc in next dc or ch, ch 1, sk next dc or ch] 7 times, dc in next dc or ch, ch 1, sk next 2 dc, rep from * 3 times***, shell in shell, rep from ** around, ending last rep at ***, join. Fasten off.

Rnd 8: Join shaded pink with sl st in first ch sp, (**puff st** {see Special Stitches}, ch 2, puff st, ch 1) in same ch sp, (puff st, ch 1) in each ch-1 sp around with (puff st, ch 2, puff st, ch 1) in each corner ch sp, join with sl st in beg puff st. Fasten off.

Rnd 9: Join jade with sc in first corner ch sp, 2 sc in same ch sp, sc in each st and in each ch-1 sp around with 3 sc in each corner ch sp, join. Fasten off.

Rnd 10: Join rose with sc in center corner st, 2 sc in same sc, sc in each st around with 3 sc in each center corner st, join. Fasten off.

Rnd 11: Join jade with sc in first center corner st, 2 sc in same st, *[sc in each of next 37 sts, 3 sc in center corner st] twice, [sc in each of next 17 sts, **dec** (see Special Stitches), sc in each of next 11 sts, 3 sc in center corner st, sc in each of next 11 sts, dec, sc in each of next 17 sts**, 3 sc in center corner st] 4 times, rep from * around, ending last rep at **, join with sl st in beg sc. Fasten off.

Rnd 12: Join white with sc in first center corner st, 2 sc in same st, picot, sk all dec, [sc in each of next 3 sts, picot] around, join. Fasten off.

DIAMOND FILL-IN

Rnd 1: Working in opening between Motifs, join rose with sc in 2nd st after dc dec at corner of row 2 of Border, sc in each of next 17 sts, sc in end of row 3 of Border, working on opposite side of ch-25, sc in each ch across, sc in end of row 3, sc in each of next 17 sts, sc dec in next 2 sts, join with sl st in beg sc. Fasten off.

Rnd 2: Join white with sc in any st, sc in each of next 2 sts, picot, [sc in each of next 3 sts, picot] around, sc in last st, join. Fasten off. *(20 picots)*

Work Diamond Fill-in in each opening as shown in photo.

Regency

Design by Jo Ann Maxwell

SKILL LEVEL
EASY

FINISHED SIZE
17 inches across

MATERIALS
- Crochet cotton size 10: 400 yds ecru
- Size 2/2.20mm steel crochet hook or size needed to obtain gauge

GAUGE
Rnds 1–3 = 3 inches

SPECIAL STITCHES
Cluster (cl): Yo twice, insert hook in ch indicated, yo, pull lp through, [yo, pull through 2 lps on hook] twice, *yo twice, insert hook in same ch, yo, pull lp through, [yo, pull through 2 lps on hook] twice, rep from * twice, yo, pull through all lps on hook.

Picot: Ch 3, sl st in top of last st made.

5-picot stitch (5-picot): [Ch 6, sl st in 5th ch from hook] twice, ch 7, sl st in 6th ch from hook, working on opposite side of picots just made, sl st in each of next 2 chs, ch 5, sl st in same ch, sl st in each of next 2 chs, ch 5, sl st in same ch, sl st in next ch and in beg hdc.

INSTRUCTIONS
DOILY
Rnd 1: Ch 8, sl st in first ch to form ring, ch 3 *(counts as first dc)*, 3 dc in same ch, 4 dc in each ch around, join with sl st in top of beg ch-3. *(32 dc)*

Rnd 2: Ch 7 *(counts as first dtr and ch 1)*, working in **back lps** *(see Stitch Guide)*, [dtr in next st, ch 1] around, join with sl st in 6th ch of ch-7.

Rnd 3: Ch 3, dc in each ch sp and st around, join. *(64 dc)*

Rnd 4: Ch 1, sc in first st, **picot** *(see Special Stitches)*, ch 5, sk next 3 sts, [(sc, picot) in next st, ch 5, sk next 3 sts] around, join with ch 2, dc in beg sc *(forming last ch sp)*. *(16 ch sps)*

Rnd 5: Ch 1, sc in first ch sp, [ch 7, sc

in next ch sp] around, join with ch 2, tr in beg sc *(forming last ch sp)*.

Rnd 6: Ch 1, sc in first ch sp, ch 6, **cl** *(see Special Stitches)* in 4th ch from hook, ch 2, [sc in next ch sp, ch 6, cl in 4th ch from hook, ch 2] around, join with sl st in beg sc.

Rnd 7: Ch 1, sc in first st, ch 11, [sc in next sc, ch 11] around, join.

Rnd 8: Sl st to 2nd ch, ch 4 *(counts as first hdc and ch 2)*, *[sk next ch, hdc in next ch, ch 2] 3 times, sk next ch**, **hdc dec** *(see Stitch Guide)* in next ch and in 2nd ch of next ch-11 sp, ch 2, rep from * around, ending last rep at **, join with, yo, insert hook in next ch, yo, pull lp through, yo, insert hook in 2nd ch of beg ch-4, yo, pull lp through, yo, pull through all lps on hook.

Rnd 9: [Ch 3, sl st in next hdc] twice, ***5-picot** *(see Special Stitches)***, [ch 3, sl st in next st] 4 times, rep from * around, ending last rep at **, ch 3, sc in next st, ch 3, join with sl st in joining sl st of last rnd. Fasten off.

Rnd 10: Join with sc in top picot of 5-picot, ch 15, [sc in top picot of next 5-picot, ch 15] around, join. *(16 ch sps)*

Rnd 11: Sl st in next ch, ch 4 *(counts as first hdc and ch 2)*, *[sk next ch, hdc in next ch, ch 2] 6 times, sk next ch**, hdc dec in last ch and in first ch of next ch-15, rep from * around, ending last rep at **, join with, yo, insert hook in next ch, yo, pull lp through, yo, insert hook in 2nd ch of beg ch-4, yo, pull lp through, yo, pull through all lps on hook.

Rnd 12: Sl st in each of next 2 chs, sl st in next st, sl st in each of next 2 chs, (ch 4, cl) in same ch, ch 4, sl st in top of cl just made, *[ch 7, sk next ch-2 sp, cl in 2nd ch of next ch-2 sp, ch 4, sl st in top of cl just made] twice, ch 7, sk next 2 ch-2 sps**, (cl, ch 4, sl st in top of cl just made) in 2nd ch of next ch-2 sp, rep from * around, ending last rep at **, join with sl st in top of beg cl. *(48 cls)*

Rnds 13–15: Sl st to center of ch sp,

ch 1, sc in same ch sp, ch 7, [sc in next ch sp, ch 7] around, join with sl st in beg sc.

Rnds 16–18: Sl st to center of ch sp, ch 1, sc in same ch sp, ch 8, [sc in next ch sp, ch 8] around, join.

Rnd 19: Sl st to center of ch sp, ch 1, sc in same ch sp, **picot** *(see Special Stitches)*, ch 8, [sc in next ch sp, picot, ch 8] around, join.

Rnd 20: Sl st to center of ch sp, ch 1, sc in same ch sp, *ch 7, cl in 5th ch from hook, ch 2**, sc in next ch sp, rep from * around, ending last rep at **, join.

Rnd 21: Ch 1, sc in first st, ch 11, [sc in next sc, ch 11] around, join.

Rnd 22: Sl st in first ch of next ch sp, ch 6 *(counts as first dc and ch-3)*, *[sk next ch, dc in next ch, ch 3] 4 times, sk next ch, dc in next ch, sk next 3 chs of next ch-11 sp, sl st in each of next 2 chs, picot, sl st in next ch, ch 5, sl st in next ch, picot, sl st in next ch, sk next 3 chs**, dc in first ch of next ch-11 sp, ch 3, rep from * around, ending last rep at **, join with sl st in 3rd ch of beg ch-6. Fasten off. ❑❑

Irish Rosaleen

Design by Dot Drake

SKILL LEVEL

EXPERIENCED

FINISHED SIZE
15 inches in diameter

MATERIALS
- Crochet cotton size 10: 500 yds white
- Crochet cotton size 30: 20 yds white
- Size 8/1.50mm steel crochet hook or size needed to obtain gauge
- Size 10/1.15mm steel crochet hook
- Size K/10½/6.5mm crochet hook

GAUGE
Size 10 hook and size 10 thread: Rnds 1–7 of Center Flower = 2 inches in diameter

SPECIAL STITCHES
Picot: Ch 2, sl st in top of last sc made.

Joining picot (j-picot): Ch 1, sl st in indicated picot on petal, ch 1, sl st in last sc made.

Chain-7 picot chain (ch-7 picot ch): [Ch 7, sl st in 4th ch from hook] twice, ch 3.

Ending chain-7 picot chain (end ch-7 picot ch): Ch-7 picot, ch 1, yo hook 5 times, insert hook in indicated st, yo, pull up a lp, [yo, pull through 2 lps on hook] 4 times, yo, insert hook ⅓ of the way down st segment just completed, yo, pull up a lp, yo, pull through 3 lps on hook, pulling tightly to form picot, yo, pull through rem 3 lps on hook as for hdc to form last ch-3 sp.

INSTRUCTIONS
DOILY
Center flower
Rnd 1 (RS): Wrap size 10 cotton 10 times around end of K hook, sl off hook. With size 8 hook, pull thread through ring, ch 1 to form ring, with size 8 hook, work 18 sc in ring, join with sl st in beg sc. *(18 sc)*

Rnd 2: Ch 1, sc in first sc, ch 4, [sk next 2 sc, sc in next sc, ch 4] around, join with sl st in beg sc. *(6 ch-4 sps)*

Rnd 3: Sl st in next ch-4 sp, ch 1, (sc, hdc, 3 dc, hdc, sc) in same ch sp and in each ch-4 sp around, **do not join.** *(6 petals)*

Rnd 4: Working behind petals in unworked sc of rnd 2, sl st in first sc, ch 5, [sl st in next sc on rnd 2, ch 5] around, join with sl st in beg sl st. *(6 ch-5 sps)*

Rnd 5: Sl st in first ch sp, ch 1, (sc, hdc, 7 dc, hdc, sc) in same ch sp and in each ch-5 sp around, **do not join.** *(6 petals)*

Rnd 6: Working behind petals in sl sts of rnd 4, sl st in first sl st, ch 6, [sl st in next sl st, ch 6] around, join with sl st in beg sl st. *(6 ch-6 sps)*

Rnd 7: Sl st in first ch sp, ch 1, (sc, hdc, dc, 7 tr, dc, hdc, sc) in same ch sp and in each ch-6 sp around, **do not join.** *(6 petals)*

Outer Petals
Rnd 8: Working behind petals in sl sts of rnd 6, sl st in first sl st, ch 7, [sl st in next sl st, ch 7] around, join. *(6 ch-7 sps)*

Rnd 9: Sl st in first ch sp, ch 1, 8 sc in each ch-7 sp around, join with sl st in beg sc. *(48 sc)*

Rnd 10: Ch 1, sc in first sc, sc in each of next 2 sc, *ch 17, sc in 5th ch from hook, [ch 3, sk next 2 chs, sc in next ch] 4 times, sc in next sc, **turn,** [ch

3, sc in next sp] 5 times, **turn**, [ch 3, sc in next sp] 5 times, sc in next sc, [**turn**, {ch 3, sc in next sp} 5 times] twice**, sc in each of next 4 sc, rep from * around, ending last rep at **, sc in last sc, join. *(8 petals)*

Rnd 11: Ch 1, sc in each of first 2 sc, *3 sc in first sp on petal, [(2 sc, **picot**–*see Special Stitches,* sc) in next sp] 3 times, 3 sc in next sp, sc in end sp of next row, (sc, picot, sc) in end sp of next row, sc in end sp of next row, 3 sc in end sp of next row, (sc, picot, 2 sc) in each of next 3 sps, 3 sc in next sp**, sk next sc, sc in each of next 2 sc, rep from * around, ending last rep at **, join. Fasten off.

Ring
Make 8
Wrap size 10 cotton 10 times around tip of index finger, sl ring off finger. With size 8 hook, pull thread through, ch 1 to form ring, 3 sc in ring, [picot, 5 sc] 3 times, **j-picot** *(see Special Stitches)* to 3rd picot from bottom of right-hand side of any petal, 5 sc in ring, picot, 5 sc in ring, j-picot to 3rd picot from bottom on edge of next petal, 2 sc in ring, join with sl st in beg sc. Fasten off.

Rep between each pair of petals around.

FLORET RING
First Floret
Rnd 1 (RS): Wrap size 10 cotton 10 times around end of K hook, sl off hook. With size 8 hook, pull thread through, ch 1 to form ring, 20 sc in ring, join with sl st in beg sc. *(20 sc)*

Rnd 2: Ch 5 *(counts as first dc and ch 2)*, sk next st, [dc in next st, ch 2, sk next st] around, join with sl st in 3rd ch of beg ch-5. *(10 ch-2 sps)*

Rnd 3: Ch 1, sc in first st, 3 sc in next ch sp, [sc in next dc, 3 sc in next ch sp] around, join with sl st in **front lp** *(see Stitch Guide)* only of beg sc. *(40 sc)*

Rnd 4: Ch 1, working in front lps only this rnd, sc in first st, ch 3, [sk next 3 sc, sc in next sc, ch 3] around, join with sl st in both lps of beg sc. *(10 ch-3 sps)*

Rnd 5: Sl st in first ch sp, ch 1, (sc, hdc, 4 dc, hdc, sc) in same ch sp and in each ch-3 sp around, join. *(10 petals)*

Rnd 6: Working behind petals of last rnd in rem lps of rnd 3, [sl st, ch 1, sc] in rem lp of first sc, sc in each of next 2 sts, ch 18, [sc in each of next 4 sts, ch 18] 5 times, sc in each st around, join. *(6 ch-18 sps)*

Row 7: Sc in first st as joining and in next sc, [35 hdc in next ch-18 sp, sk next sc, sc in each of next 2 sc] 6 times, sl st in next sc. Fasten off.

Second Floret
Rnds 1–6: Rep rnds 1–6 of First Floret.

Row 7: Sc in each of first 2 sts, 18 hdc in first ch-18 sp, sl st in 18th hdc on row 7 of last ch-18 sp on previous Floret, 17 more hdc in same ch-18 sp on this Floret, continue across as for row 7 of First Floret.

Remaining Six Florets
Rnds 1–6: Rep rnds 1–6 of First Floret.

Row 7: Rep row 7 of Second Floret, joining last Floret to previous Floret on first ch-18 sp and to First Floret on last ch-18 to form a ring.

Picot Ground
Rnd 1: With size 10 hook, join size 30 cotton with a sl st in first unworked picot to the right at top of any ring, *[**ch-7 picot ch** *(see Special Stitches)*, sc in next picot on ring] twice, ch-7 picot ch, sc in picot at tip of next Outer Petal**, ch-7 picot ch, sc in first unworked picot at top of next ring, rep from * around, ending last rep at **, ending with yo 5 times, insert hook in beg sl st yo, pull lp through st, [yo, pull through 1 lp on hook] 3 times, yo, insert hook in 2nd lp from hook, yo, pull lp through, [yo, pull through 2 lps on hook] twice, [yo, pull through 1 lp on hook] twice. *(32 ch-7 picot chs)*

Rnds 2 & 3: [Ch-7 picot ch, sc between 2 picots on next ch-7 picot ch] around, ending with **end ch-7 picot ch** *(see Special Stitches)* to beg sc. *(32 ch-7 picot chs)*

Join Floret Ring
Rnd 4: [Sl st, ch 1, sc] under ch-3 sp just formed, ch 5, sk first unworked lower rnd 5 petal on any Floret, *sc in 3rd dc on next petal, ch 5, sc between 2 picots on next ch-7 picot ch, ch 5, sc in 3rd dc on next petal, ch 5, sc between 2 picots on next ch-7 picot ch, ch 5, sc in center hdc on lower half of next ch-18 sp on same Floret, ch 5, sc between 2 picots on next ch-7 picot ch, ch 5, sc in center hdc on lower half of next ch-18 sp on next Floret, ch 5**, sc between 2 picots on next ch-7 picot ch, ch 5, sk first unworked lower rnd 5 petal on next Floret, rep from * around, ending last rep at **, join with sl st in beg sc. Fasten off.

Border
Rnd 1 (RS): With size 8 hook, join size 10 cotton with a sl st in 11th hdc from the bottom on first unworked ch-18 sp of any Floret, ch 1, sc in same st and in each of next 14 sts, ch 2, *[sc in 11th hdc from the bottom on next ch-18 sp of same Floret, sc in each of next 14 sts, ch 2] 3 times, sc in 11th hdc on next ch-18 sp of same Floret and in each of next 4 sts, ch 2, sk 2 sts after joining of same Floret and next Floret, sc in each of next 5 sts on ch-18 sp of next Floret, ch 2**, sc in 11th hdc from bottom on ch-18 sp of next Floret and in each of next 14 sts, ch 2, rep from * around, ending last rep at **, join.

Rnd 2: Ch 1, sc in each of first 11 sts, *ch 5, **turn**, sk last 3 sc worked, sl st in next sc, ch 5, sk next 2 sc, sl st in next sc, ch 1, **turn**, (3 sc, picot, 4 sc) in first sp, 3 sc in next sp, ch 5, **turn**, sk last 2 sc made on next ch-5 sp, sl st in next sc, ch 1, **turn**, (3 sc, picot, {2 sc, picot} twice, 3 sc) in sp just made, (2 sc, picot, 3 sc) in rem of sp below, sc in each of next 4 sc, sc in next sp**, sc in each of next 11 sc, rep from * 3 times, ending 3rd rep at **, [sc in each of next 5 sc, sc in next sp] twice◊, sc in each of next 11 sc, rep from * around, ending last rep at ◊, join. Fasten off. ❏❏

Shaded Butterflies

Design by Ferosa Harold

SKILL LEVEL
INTERMEDIATE

FINISHED SIZE
17½ x 29 inches

MATERIALS
- ❏ Coats Dual Duty Plus All-Purpose Thread Art. 210 sewing thread (300 yds per spool):
    - 3 spools each #1 white *(A)*, #91 lilac *(C)* and #96 violet *(E)*
    - 2 spools #97B deep violet *(F)*
- ❏ Coats Dual Duty Plus Art. 200 sewing thread (135 yds per spool):
    - 3 spools each #558 purple mist *(B)* and #487 light violet *(D)*
- ❏ Size 11/1.10mm steel crochet hook or size needed to obtain gauge

GAUGE
10 mesh = 2 inches, 10 rows = 2 inches

PATTERN NOTES
Hold 3 strands of thread together throughout.
Change color according to letters on graph by dropping one color and holding another color in its place. Fasten off dropped color.

SPECIAL STITCHES
Beginning block (beg block): Ch 3 *(counts as first dc)*, dc in each of next 3 chs or sts.

Block: Dc in each of next 3 sts or 2 dc in next ch sp, dc in next st.

Block decrease (block dec): Sl st across to indicated st on graph or leave rem sts unworked.

Beginning block increase (beg block inc): Ch 5, dc in 4th ch from hook, dc in next ch.

Ending block increase (end block inc): Yo, insert hook in last st worked in, *yo, pull lp through, yo, pull lp through 1 lp on hook *(ch made)*, yo, complete as dc*, yo, insert hook in ch 1 just made, rep between *.

Mesh: Ch 2, sk next 2 sts or ch sp, dc in next st.

INSTRUCTIONS
TABLE RUNNER
Row 1: For first half, with 3 strands A held tog, ch 237, dc in 4th ch from hook *(first 3 chs count as first dc)* and in each of next 2 chs, 9 **blocks** *(see Special Stitches)*, 58 **mesh** *(see Special Stitches)*, 10 blocks, turn.

Rows 2–56: Using Special Stitches as needed and changing colors, work according to graph, turn.

Rows 57–75: Working across first side, work according to graph, turn. At end of last row, fasten off.

Rows 57–75: For **2nd side**, join DEE with sl st in st indicated on graph, work according to graph across, turn. At end of last row, fasten off.

Row 76: Working in starting ch on opposite side of row 1, join 3 strands of A in first ch, work according to row 1 of graph, turn.

Rows 77–150: Work according to graph rep rows 2–75 of first half. At end of last row, fasten off. ❏❏

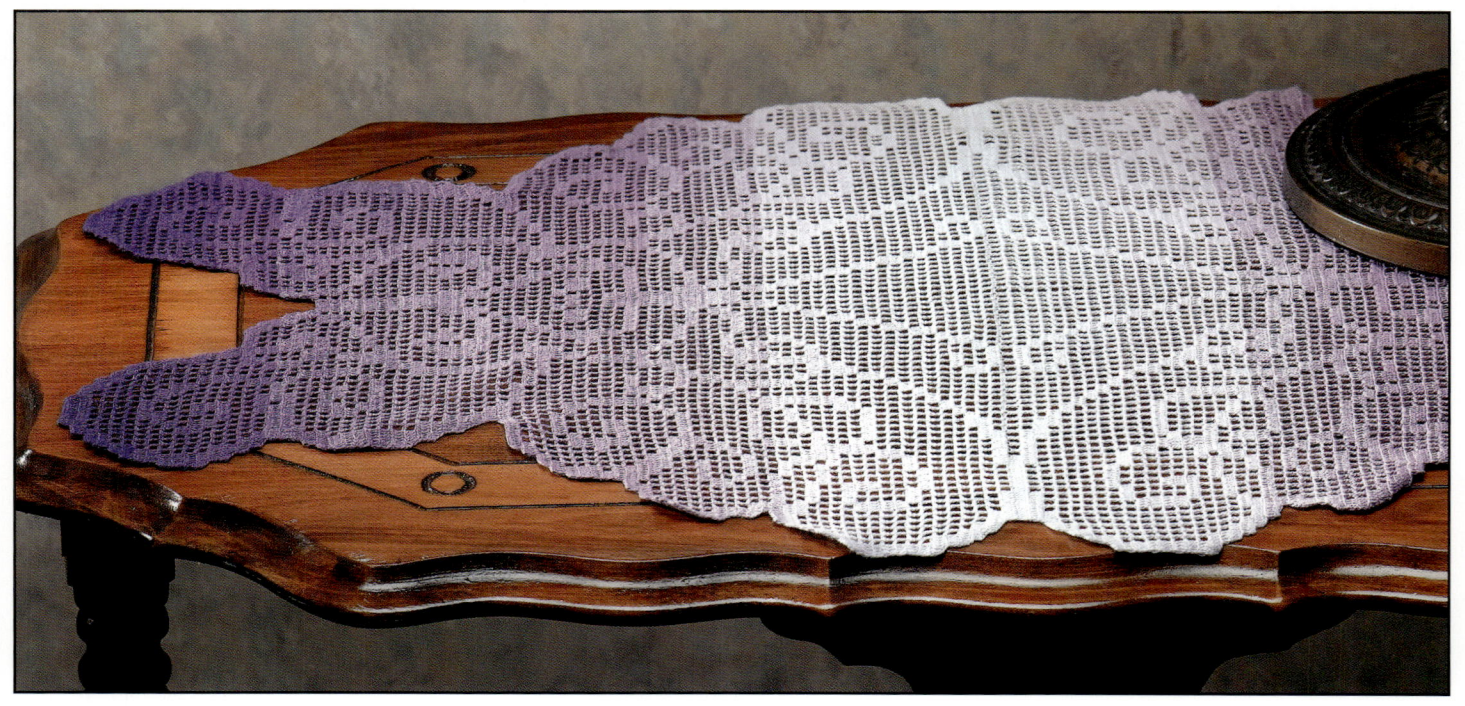

Butterflies Table Runner

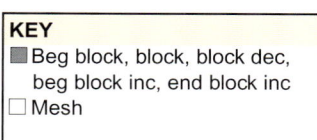

KEY
- Beg block, block, block dec, beg block inc, end block inc
- Mesh

Butterfly Dreams

Design by Ferosa Harold

SKILL LEVEL

INTERMEDIATE

FINISHED SIZE
14 x 19 inches

MATERIALS
- South Maid Crochet Cotton size 10:
    290 yds #1 white
- Cro-tat hook
- 14 shank buttons, color and size of your choice
- 28 gold 3mm beads

GAUGE
Rose is 2 inches across.

SPECIAL STITCHES
Double stitch (ds): To make **first half,** hold the thread with left hand and wrap clockwise around left index finger, scoop the hook under the thread from front to back toward the fingertip *(see photo a or go to stitchguide.com for video)* and lift the thread off your finger to form a lp on the hook, pull the thread snug. Move the right index finger over the last lp made to hold it in place. To make **2nd half** of stitch, wrap the thread counter-clockwise around left index finger, scoop the hook under the thread from the back toward the fingertip *(see photo b),* lifting the thread off your finger to form a lp on the hook.

Picot: With right index finger, hold the thread against the hook and make the next ds ½ inch from last dc *(see photo c),* slide the last dc made over to the previous ds forming a lp, the lp is the picot. Pull the picot to tighten the thread round the hook. The master hook is marked in ¼ inch increment for ease in measuring picots.

Joined picot (j-picot): Insert hook in corresponding picot, **or,** in st, **or,** in ch sp specified in the instructions from front to back, yo, pull lp through picot, **or,** st, **or,** ch sp and place on hook.

Close ring: Make a lp a little longer than the stitches on hook *(see photo d),* yo, above lp and pull through all lps on hook making sure not to loose the first lp *(see photo e), (some people may find it easier to slide lps down hook)* keeping lp made after pulling through sts on hook, insert hook into first lp *(see photo f),* pull 2nd lp to tighten first lp around hook, pull end of thread to tighten 2nd lp around hook, continue until both lps are snug around hook, yo, pull through both lps on hook forming a ring.

A
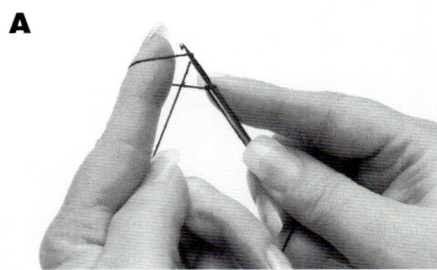

B
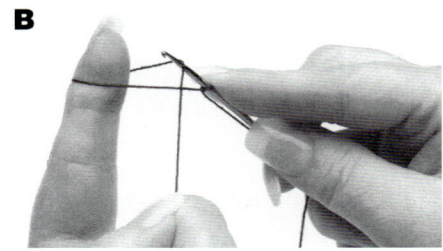

22 TABLETOP ELEGANCE • Annie's Attic • Berne, IN 46711 • www.AnniesAttic.com

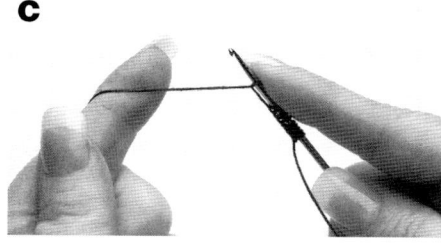

C

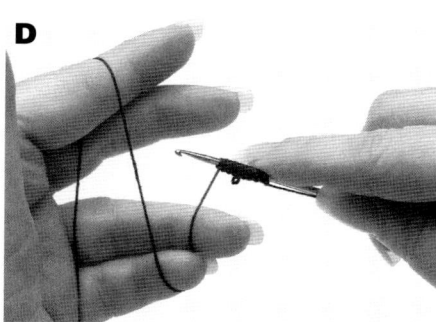

D

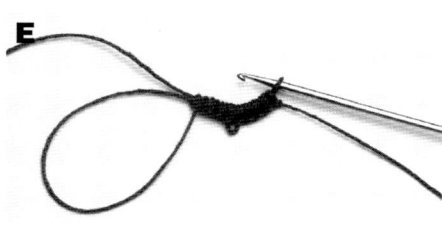

E

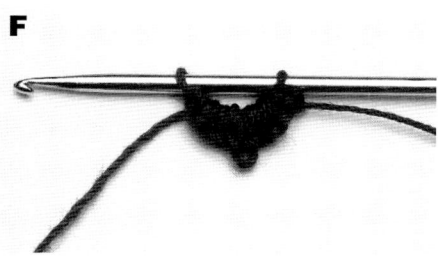

F

Beginning V-stitch (beg V-st): Ch 6 *(counts as first dc and ch 3)*, dc in same ch sp or st.

V-stitch (V-st): (dc, ch 3, dc) in specified st or ch sp.

Beginning double V-stitch (beg dV-st): Ch 6 *(counts as first dc and ch 3)*, (dc, ch 3, dc) in same ch sp or st.

Double V-stitch (dV-st): (dc, ch 3, dc, ch 3, dc) in specified st or ch sp.

Beaded chain (bch): Pull up 1 bead, ch 1.

Crochet picot (c-picot): Ch 3, sl st in last sc made.

Joined crochet picot (jc-picot): Ch 1, remove lp from hook, insert hook in specified st or ch sp to be joined, pull dropped lp through, ch 1, sl st in sc just made.

INSTRUCTIONS
ROSES
First Rose
Rnd 1: Ch 6, sl st in first ch to form ring, ch 6 *(counts as first dc and ch 3)*, [dc in ring, ch 3] 5 times, join with sl st in 3rd ch of ch-6. *(6 ch sps)*

Rnd 2: Sl st in first ch sp, ch 1, (sc, hdc, 3 dc, hdc, sc) in same ch sp and in each ch sp around, join with sl st in beg sc. *(6 petals)*

Rnd 3: Working behind petals, ch 1, sc in **back strand** of first sc *(see illustration)* on first petal, ch 4, [sc in back strand of first sc on next petal, ch 4] around, join. *(6 ch sps)*

Back Bar of Ch

Rnd 4: Sl st in first ch sp, ch 1, (sc, hdc, 5 dc, hdc, sc) in same ch sp and in each ch sp around, join.

Rnd 5: Working behind petals, ch 1, sc in back strand of first sc on first petal, ch 5, [sc in back strand of first sc on next petal, ch 5] around, join.

Rnd 6: Sl st in first ch sp, ch 1, (sc, hdc, 7 dc, hdc, sc) in same ch sp and in each ch sp around, join. Fasten off.

Second & Third Rose
Rnds 1–5: Rep rnds 1–5 of First Rose.

Rnd 6: Sl st in first ch sp, ch 1, (sc hdc, 7 dc, hdc, sc) in same ch sp and in each of next 4 ch sps, (sc, hdc, 4 dc) in last ch sp, sl st in center st of first petal of previous Rose, (3 dc, hdc, sc) in same ch sp on this Rose, join. Fasten off.

DOILY
Rnd 1: Make a ring of 5 **ds** *(see Special Stitches)*, **picot** *(see Special Stitches)*, 5 ds, **j-picot** *(see Special Stitches)* in center st of 2nd petal of First Rose, 5 ds, picot, 5 ds, **close ring** *(see Special Stitches)*, reverse sl st in first ds, ch 10, *make ring of 5 dc, j-picot in last picot of previous ring, [5 ds, picot] twice, 5 ds, close ring, reverse sl st in first ds, ch 10, make ring of 5 ds, j-picot in last picot of previous ring, 5 ds, j-picot in center st of next petal, 5 ds, picot, 5 ds, close ring, reverse sl st in first ds, ch 10, rep from * around, ending with make ring of 5 ds, j-picot in last picot of previous ring, 5 ds, picot, 5 ds, j-picot in first picot of first ring to left, 5 ds, close ring, reverse sl st in first ds, ch 10, join with sl st in beg ds. *(28 ch-10 sps)*

Rnd 2: Sl st in next ch-10 sp, ch 1, (3 sc, ch 3, 3 sc, ch 3, 3 sc, ch 3, 3 sc) in same ch sp and in each ch sp around, join with sl st in beg sc.

Rnd 3: Sl st to 2nd ch-3 sp, **beg dV-st** *(see Special Stitches)* in same ch sp, [ch 5, sk next 2 ch-3 sps, **dV-st** *(see Special Stitches)* in next ch-3 sp] 7 times, [ch 5, sk next 2 ch-3 sps, **V-st** *(see Special Stitches)* in next ch-3 sp] 6 times, [ch 5, sk next 2 ch-3 sps, dV-st in next ch-3 sp] 8 times, [ch 5, sk next 2 ch-3 sps, V-st in next ch-3 sp] 6 times, ch 2, join with dc in 3rd ch of ch-6 of beg dV-st *(last ch sp formed)*. *(16 dV-sts, 12 V-sts)*

Rnd 4: Ch 1, sc in last ch sp made, [ch 5, sc in next ch sp] around, ch 2, join with dc in beg sc.

Rnd 5: Ch 1, sc in last ch sp made, [ch 5, sc in next ch sp] around, ch 5, join with sl st in beg sc.

Rnd 6: Ch 1, 2 sc in last ch sp made, *(make ring of 8 ds, close ring, 2 sc) in same ch sp**, 2 sc in next ch sp, rep from * around, ending last rep at **, join with sl st in beg sc. Fasten off.

Mark first ring of rnd 6.

BUTTON MOTIF
First Motif
Rnd 1: Join thread to shank of one button, [sc in shank, ch 4] twice, join with sl st in beg sc.

Rnd 2: Ch 1, sc in first st, (ch 3, sc, ch 3, sc) in next ch-4 sp, ch 3, sc in next st, (ch 3, sc, ch 3, sc) in last ch-4 sp, ch 3, join. Fasten off. *(6 ch-3 sps)*

Rnd 3: Make ring of 5 ds, [picot, 3 ds] twice, j-picot in any ch-3 sp of rnd 2, [3 ds, picot] twice, 5 ds, close ring, ch 12, *5 ds, [picot, 3 ds] twice, j-picot in next ch-3 sp of rnd 2, close ring, ch 12, rep from * around, join with sl st in beg ds, *(6 ch-12 sps)*

Rnd 4: Sl st in first ch-12 sp, ch 1, ({3 sc, **c-picot**–*see Special Stitches*} 5 times, 3 sc) in same ch sp and in each of next 4 ch-12 sps, (3 sc, c-picot) twice in last ch-12 sp, 3 sc in same ch sp, **jc-picot** *(see Special Stitches)* in first ring *(marked ring)* of rnd 6 on Doily, (3 sc, c-picot) twice in same ch-12 sp, 3 sc in same ch sp, join with sl st in beg sc. Fasten off.

Second Motif
Rnds 1–3: Rep rnds 1–3 of First Motif on Button Motifs.

Rnd 4: Sl st in first ch-12 sp, ch 1, ({3 sc, c-picot} 5 times, 3 sc) in same ch sp and in each of next 3 ch-12 sps, sk next 5 rings on Doily, jc-picot in next ring of rnd 6 on Doily, (3 sc, c-picot) twice in same ch-12 sp, 3 sc in same ch sp on this Motif, (3 sc, c-picot) twice in next ch-12 sp, jc-picot in center c-picot of 5th bar of previous Motif, (3 sc, c-picot) twice in same ch-12 sp on this Motif, 3 sc in same ch-12 sp, (3 sc, c-picot) twice in last ch-12 sp, 3 sc in same ch sp, join with sl st in beg sc. Fasten off.

Third Motif
Rnds 1–3: Rep rnds 1–3 of First Motif.

Rnd 4: Sl st in first ch-12 sp, ch 1, ({3 sc, c-picot} 5 times, 3 sc) in same and in each of next 3 ch-12 sps, sk next 3 rings on Doily, jc-picot in next ring of rnd 6 on Doily, (3 sc, c-picot) twice in same ch-12 sp, 3 sc in same ch-12 sp, (3 sc, c-picot) twice in next ch-12 sp, jc-picot in center c-picot of 5th bar of previous Motif, (3 sc, c-picot) twice in same ch-12 sp on this motif, 3 sc in same ch-12 sp, (3 sc, c-picot) twice in last ch-12 sp, 3 sc in same ch sp, join with sl st in beg sc. Fasten off.

Fourth & Fifth Motifs
Work same as Third Motif.

Sixth to Ninth Motifs
Work same as Second Motif.

Tenth to Twelfth Motifs
Work same as Third Motif.

Thirteenth Motif
Work same as Second Motif.

Last Motif
Rnds 1–3: Rep rnds 1–3 of First Motif.

Rnd 4: Sl st in first ch-12 sp, ch 1, ({3 sc, c-picot} 5 times, 3 sc) in same ch sp and in each of next 2 ch-12 sps, (3 sc, c-picot) twice in next ch-12 sp, jc-picot in center c-picot of 5th bar of First Motif, (3 sc, c-picot) twice in same ch-12 sp on this motif, 3 sc in same ch-12 sp, (3 sc, c-picot) twice in next ch-12 sp, 3 sc in same ch sp, sk next 5 rings on Doily, jc-picot in next ring of rnd 6 on Doily, (3 sc, c-picot) twice in same ch-12 sp, 3 sc in same ch sp, (3 sc, c-picot) twice in last ch-12 sp, jc-picot in center c-picot of 5th bar of previous Motif, (3 sc, c-picot) twice in same ch-12 sp on this Motif, 3 sc in same ch-12 sp, join with sl st in beg sc. Fasten off.

BUTTERFLY
Make 14.

Thread 2 beads on thread, make ring of [2 ds, picot] 15 times, 2 ds, close ring, reverse sl st in first ds, [ch 10, **bch** *(see Special Stitches)*, sl st in each of next 10 chs] twice, make ring of [2 ds, picot] 15 times, 2 ds, close ring, reverse sl st in first ds, make ring of 12 ds, j-picot in center of c-picot of petal between Motifs on any Motif *(see photo)*, 12 ds, close ring, reverse sl st in first ds, 12 ds, j-picot in center c-picot of first Motif to left, 12 ds, close ring, reverse sl st in first ds. Fasten off.

Summer Sage

Design by Cora Rattle

SKILL LEVEL

INTERMEDIATE

FINISHED SIZE
46 inches square, not including Edging

MATERIALS
- Crochet cotton Size 10: 3,500 yds green
- Size 5/1.90mm steel crochet hook or size needed to obtain gauge

GAUGE
8 dc = 1 inch, 3 dc rows = 1 inch

SPECIAL STITCHES
Clones knot: Make a ch, pull up loop and hold in place, yo, then pass hook downward under the ch and pull up a loop, bring it forward and up and yo again as if for a tr. Continue to pull up loops from over and under the ch until loop is completely covered, yo, pull through all loops on hook, secure knot with sc in last st before clones knot.

Picot: Ch 3, sl st in top of last st made.

Joined picot (j-picot): Ch 1, sl st in picot of adjacent Motif, ch 1, sl st in top of last st made on this Motif.

INSTRUCTIONS
TABLECLOTH
First Motif
Rnd 1: Ch 10, sl st in first ch to form ring, ch 1, 3 sc in ring, [ch 9, 5 sc in ring] 3 times, ch 9, 2 sc ring, join with sl st in beg sc. *(4 ch sps)*

Rnd 2: Ch 1, sc in first st, 15 dc in next ch sp, [sk next 2 sts, sc in next st, 15 dc in next ch sp] around, join.

Rnd 3: Sl st in each of next 3 sts, ch 1, sc in same st, *ch 5, sk next 4 sts, (sc, ch 9, sc) in next st, ch 5, sk next 4 sts, sc in next st, ch 2**, sc in 3rd dc on next dc group, rep from * around, ending last rep at **, join.

Rnd 4: Sl st to center of ch sp, ch 1, sc in same ch, *15 dc in next ch-9 sp, sc in center ch of next ch-5 sp, ch 2, dc in next sc, 2 dc in next ch sp, dc in next sc, ch 2**, sc in center ch of next ch-5 sp, rep from * around, ending last rep at **, join.

Rnd 5: Sl st in each of next 3 sts, ch 1, sc in same st, *ch 5, sk next 4 sts, (sc, ch 9, sc) in next st, ch 5, sk next 4 sts, sc in next st, ch 5, sk next ch-2 sp, dc in next dc, ch 2, sk next 2 dc, dc in next dc, ch 5**, sc in 3rd dc on next dc group, rep from * around, ending last rep at **, join.

Rnd 6: Sl st to center of ch sp, ch 1, sc in same ch, *15 dc in next ch-9 sp, sc in center ch of next ch-5 sp, ch 5, dc in center ch of next ch-5 sp, ch 2, dc in next dc, 2 dc in next ch sp, dc in next dc, ch 2, dc in center ch of next ch-5 sp, ch 5**, sc in center ch of next ch-5 sp, rep from * around, ending last rep at **, join.

Rnd 7: Sl st in each of next 3 sts, ch 1, sc in same st, *ch 5, sk next 4 sts, (sc, ch 9, sc) in next st, ch 5, sk next 4 sts, sc in next st, ch 5, dc in center ch of next ch-5 sp, dc in each of next 2 chs, dc in next st, 2 dc in next ch sp, dc in next st, ch 2, sk next 2 sts, dc in next st, 2 dc in next ch sp, dc in next st, dc in each of next 3 chs, ch 5**, sc in 3rd dc of dc group, rep from * around, ending last rep at **, join.

Rnd 8: Sl st to center of ch sp, ch 1, sc in same ch, *15 dc in next ch-9 sp, sc in center ch of next ch-5 sp, ch 5, dc in center ch of next ch sp, dc in each of next 2 chs, dc in each of 4 sts, ch 2, sk next 2 sts, dc in next st, 2 dc in next ch sp, dc in next st, ch 2, sk next 2 sts, dc in each of next 4 sts, dc in each of next 3 chs, ch 5**, sc in center ch of next ch sp, rep from * around, ending last rep at **, join.

Rnd 9: Sl st in each of next 3 sts, ch 1, sc in same st, *ch 5, sk next 4 sts, (sc, ch 9, sc) in next st, ch 5, sk next 4 sts, sc in next st, ch 5, dc in center ch of next ch sp, dc in each of next 2 chs, dc in each of next 4 sts, ch 2, sk next 2 sts, dc in next st, ch 2, sk next ch sp, dc in each of next 4 sts, ch 2, sk next ch sp, dc in next st, ch 2, sk next 2 sts, dc in each of next 4 sts, dc in each of next 3 chs, ch 5**, sc in 3rd dc of next dc group, rep from * around, ending last rep at **, join.

Rnd 10: Sl st to center of ch sp, ch 1, sc in same ch, *15 dc in next ch-9 sp, sc in center ch of next ch-5 sp, ch 5, dc in center ch of next ch sp, ch 2, dc in each of next 4 sts, ch 2, sk next 2 sts, dc in next st, ch 2, sk next ch sp, dc in next st, 2 dc in next ch sp, dc in each of next 4 sts, 2 dc in next ch sp, dc in next st, ch 2, sk next ch sp, dc in next st, ch 2, sk next 2 sts, dc in each of next 4 sts, ch 2, dc in center ch of next ch sp, ch 5**, sc in center ch of next ch sp, rep from * around, ending last rep at **, join.

Rnd 11: Sl st in each of next 3 sts, ch 1, sc in same st, *ch 5, sk next 4 sts, (sc, ch 9, sc) in next st, ch 5, sk next 4 sts, sc in next st, ch 5, dc in center ch of next ch sp, ch 2, dc in next st, 2 dc in next ch sp, dc in next st, ch 2, sk next 2 sts, dc in next st, ch 2, sk next ch sp, dc in next st, 2 dc in next ch sp, dc in each of next 4 sts, ch 2, sk next 2 sts, dc in each of next 4 sts, 2 dc in next ch sp, dc in next st, ch 2, sk next ch sp, dc in next st, ch 2, sk next 2 sts, dc in next st, 2 dc in next ch sp, dc in next st, ch 2, dc in center ch of next ch sp, ch 5**, sc in 3rd dc of next dc group, rep from * around, ending last rep at **, join.

Rnd 12: Sl st to center of ch sp, ch 1, sc in same ch, *15 dc in next ch-9 sp, sc in center ch of next ch-5 sp, ch 5, dc in center ch of next ch sp, ch 2, dc in next st, ch 2, sk next ch sp, dc in next st, ch 2, sk next 2 sts, dc in next st, ch 2, sk next ch sp, dc in next st, 2 dc in next ch sp, dc in each of next 4 sts, ch 5, sc in center ch of next ch sp, **clones knot** (see Special Stitches), ch 5, sk next 3 sts, dc in each of next 4 sts, 2 dc in next ch sp, dc in next st, ch 2, sk next ch sp, dc in next st, ch 2, sk next 2 sts, dc in next st, ch 2, sk next ch sp, dc in next st, ch 2, dc in center ch of next ch sp, ch 5**, sc in center ch of next ch-5 sp, rep from * around, ending last rep at **, join.

Rnd 13: Sl st in each of next 3 sts, ch 1, sc in same st, *ch 5, sk next 4 sts, (sc, ch 9, sc) in next st, ch 5, sk next 4 sts, sc in next st, ch 5, dc in center ch of next ch sp, ch 2, dc in next st, [ch 2, sk next ch sp, dc in next st] 4 times, dc in each of next 3 sts, [ch 5, sc in next ch sp, clones knot] twice, ch 5, dc in each of next 4 sts, [ch 2, sk next ch sp, dc in next st] 4 times, ch 2, dc in center ch of next ch sp, ch 5**, sc in 3rd dc of next dc group, rep from * around, ending last rep at **, join.

Rnd 14: Sl st to center of ch sp, ch 1, sc in same ch, *15 dc in next ch-9 sp, sc in center ch of next ch-5 sp, ch 5, dc in center ch of next ch sp, ch 2, [dc in next st, ch 2, sk next ch sp] 5 times, dc in each of next 4 sts, dc in each of next 3 chs, ch 5, sc in next ch sp between clones knots, clones knot, ch 5, sk next 2 chs of next ch sp, dc in each of next 3 chs of same ch sp, dc in each of next 4 sts, [ch 2, sk next ch sp, dc in next st] 5 times, ch 2, dc in center ch of next ch sp, ch 5**, sc in center ch of next ch sp, rep from * around, ending last rep at **, join.

Rnd 15: Sl st in each of next 3 sts, ch 1, sc in same st, *ch 5, sk next 4 sts, (sc, ch 9, sc) in next st, ch 5, sk next 4 sts, sc in next st, ch 5, dc in center ch of next ch sp, ch 2, dc in next st, [ch 2, sk next ch sp, dc in next st] 6 times, ch 2, sk next 2 sts, dc in each of next 4 sts, dc in each of next 3 chs, ch 2, sk knot and 2 chs of next ch sp, dc in each of next 3 chs, dc in each of next 4 sts, ch 2, sk next 2 sts, dc in next st, [ch 2, sk next ch sp, dc in next st] 6 times, ch 2, dc in center ch of next ch sp, ch 5**, sc in 3rd dc of next dc group, rep from * around, ending last rep at **, join.

Rnd 16: Sl st to center of ch sp, ch 1, sc in same ch, *15 dc in next ch-9 sp, sc in center ch of next ch-5 sp, ch 5, dc in center ch of next ch sp, ch 2, [dc in next st, ch 2, sk next ch sp] 8 times, dc in next st, ch 2, sk next 2 sts, dc in each of next 4 sts, 2 dc in next ch sp, dc in each of next 4 sts, ch 2, sk next 2 sts, dc in next st, [ch 2, sk next ch sp, dc in next st] 8 times, ch 2, dc in center ch of next ch sp, ch 5**, sc in center ch of next ch sp, rep from * around, ending last rep at **, join.

Row 17: Now working in rows, sl st in each of next 3 sts, ch 1, sc in same st, *ch 5, sk next 4 sts, sc in next st, ch 5, sk next 4 sts, sc in next st, ch 5, dc in center ch of next ch sp, ch 2, dc in next st, [ch 2, sk next ch sp, dc in next st] 10 times, [ch 2, sk next 2 sts, dc in next st] 3 times, [ch 2, sk next ch sp, dc in next st] 10 times, ch 2, dc in center ch of next ch sp, ch 5**, sc in 3rd st of next dc group, rep from * around, ending last rep at **, join.

Rnd 18: Now working in rnds, ch 3 (counts as first dc), (3 dc, **picot** {see Special Stitches}, 2 dc) in next ch sp, *(2 dc, picot, dc) in next sc (corner), (3 dc, picot, 2 dc) in next ch sp, dc in next st, [2 dc in next ch-2 sp, dc in next st, picot, 2 dc in next ch sp, dc in next st] across to next ch-5 sp**, (3 dc, picot, 2 dc) in ch-5 sp, rep from * around, ending last rep at **, join with sl st in top of beg ch-3. Fasten off.

Joined Motif
Rnds 1–17: Rep rnds 1–17 of First Motif.
Rnd 18: Work same as rnd 18 of First Motif, working **j-picot** (*see Special Stitches*) across edges as needed to join Motifs.
Make 4 rows of 4 Motifs.

EDGING
With RS facing, working in dc between picots all along outer edge, join with sl st in 2nd dc of group just right of any corner picot, ch 1, sc in same st, *ch 5, clones knot in last ch, sl st in first ch from hook, ch 4, sk next 3 dc, sc in next dc, **ch 5, clones knot in first ch from hook, ch 4, sk next 4 sts, sc in next st, [ch 5, clones knot in first ch from hook, ch 4, sk next 5 sts, sc in next st] 6 times, ch 5, clones knot in first ch from hook, ch 4, sk 4 sts, sc in sp between next 2 sts, ch 5, clones knot in first ch from hook, ch 4, sk next 4 sts, sc in next st, [ch 5, clones knot in first st from hook, ch 4, sk next 5 sts, sc in next st] 7 times, ch 5, clones knot in first ch from hook, ch 4, sc in joining between Motifs, ch 5, clones knot in first ch from hook, ch 4, sk next 2 sts, sc in next st, rep from * across to corner, rep from ** around, join. Fasten off.

Pineapple Tulips

Design by Judy Teague Treece

SKILL LEVEL

INTERMEDIATE

FINISHED SIZE
13 inches across

MATERIALS
- DMC Cebelia crochet cotton size 10:
    300 yds #747 blue
- Size 7/1.65mm steel crochet hook or size needed to obtain gauge

GAUGE
Rnds 1–4 = 2 inches

SPECIAL STITCHES
Shell: (3 dc, ch 2, 3 dc) in next ch sp.

Beginning shell (beg shell): Ch 3 *(counts as first dc)*, (2 dc, ch 2, 3 dc) in same ch sp.

Cluster (cl): Yo, insert hook in ch sp, yo, pull lp through, yo, pull through 2 lps on hook, [yo, insert hook in same ch sp, yo, pull lp through, yo, pull through 2 lps on hook] twice, yo, pull through all lps on hook.

Picot: Ch 3, sl st in last sc made.

INSTRUCTIONS
DOILY
Rnd 1: Ch 5, sl st in first ch to form ring, ch 3 *(counts as first dc)*, 2 dc in ring, [ch 2, 3 dc in ring] 3 times, ch 2, join with sl st in top of beg ch-3. *(12 dc, 4 ch sps)*

Rnd 2: Ch 3, dc in each of next 2 sts, (dc, ch 2, dc) in next ch sp, [dc in each of next 3 sts, (dc, ch 2, dc) in next ch sp] around, join. *(20 dc)*

Rnd 3: Ch 3, dc in each st around with (dc, ch 4, dc) in each ch sp, join. *(28 dc)*

Rnd 4: Ch 3, dc in each st around with (dc, ch 4, dc) in each ch sp, join. *(36 dc)*

Rnd 5: Sl st in next st, ch 5 *(counts as first dc and ch 2)*, dc in same st, *ch 3, sk next st, sc in next st, ch 3, sk next 2 sts, 9 dc in next ch-4 sp, ch 3, sk next 2 sts, sc in next st, ch 3**, sk next st, (dc, ch 2, dc) in next st, rep from * around, ending last rep at **, join with sl st in 3rd ch of ch-5. *(44 dc, 8 sc)*

Rnd 6: Sl st to ch sp, ch 3, (dc, ch 2, 2 dc) in same ch sp, *ch 4, sc in next ch sp, ch 3, [dc in next dc, ch 1] 8 times, dc in next dc, ch 3, sc in next ch sp, ch 4**, (2 dc, ch 2, 2 dc) in next ch-2 sp, rep from * around, ending last rep at **, join. *(52 dc)*

Rnd 7: Sl st to ch sp, ch 3, (dc, ch 2, 2 dc) in same ch sp, *ch 3, sc in next ch sp, ch 5, [sc in next ch-1 sp, ch 3] 7 times, sc in next ch-1 sp, ch 5, sc in next ch sp, ch 3**, (2 dc, ch 2, 2 dc) in next ch sp, rep from * around, ending last rep at **, join.

Rnd 8: Sl st to ch sp, ch 3, (dc, ch 2, 2 dc) in same ch sp, *ch 3, sc in next ch sp, ch 6, [sc in next ch-3 sp, ch 3] 6 times, sc in next ch-3 sp, ch 6, sc in next ch sp, ch 3**, (2 dc, ch 2, 2 dc) in next ch sp, rep from * around, ending last rep at **, join.

Rnd 9: Sl st to ch sp, **beg shell** *(see Special Stitches)* in same ch sp, ch 3, sc in next ch sp, ch 7, sc in next ch-3 sp, [ch 3, sc in next ch-3 sp] 5 times, ch 7, sc in next ch sp, ch 3**, **shell** *(see Special Stitches)* in next ch-2 sp, rep from * around, ending last rep at **, join.

Rnd 10: Sl st to ch sp, beg shell, ch 3, sc in next ch sp, ch 8, sc in next ch-3 sp, [ch 3, sc in next ch-3 sp] 4 times, ch 8, sc in next ch sp, ch 3**, shell in ch sp of next shell, rep from * around, ending last rep at **, join.

Rnd 11: Sl st to ch sp, ch 3, (dc, ch 2, 2 dc, ch 2, 2 dc) in same ch sp, *ch 4, sc in next ch sp, ch 9, sc in next ch-3 sp, [ch 3, sc in next ch-3 sp] 3 times, ch 9, sc in next ch sp, ch 4**, (2 dc, ch 2, 2 dc, ch 2, 2 dc) in next ch sp, rep from * around, ending last rep at **, join.

Rnd 12: Sl st to ch sp, ch 3, (dc, ch 2, 2 dc) in same ch sp, ch 2, (2 dc, ch 2, 2 dc) in next ch-2 sp, ch 4, sc in next ch sp, ch 9, sc in next ch-3 sp, [ch 3, sc in next ch-3 sp] twice, ch 9, sc in next ch sp, ch 4**, (2 dc, ch 2, 2 dc) in next ch-2 sp, ch 2, (2 dc, ch 2, 2 dc) in next ch-2 sp, rep from * around, ending last rep at **, join.

Rnd 13: Sl st to ch sp, beg shell, *ch 2, 3 dc in next ch-2 sp, ch 2, shell in next ch-2 sp, *ch 5, sc in next ch sp, ch 10, sc in next ch-3 sp, ch 3, sc in next ch-3 sp, ch 10, sc in next ch sp, ch 5**, shell in next ch-2 sp, rep from * around, ending last rep at **, join.

Rnd 14: Sl st to ch sp, beg shell, *[ch 2, 3 dc in next ch-2 sp] twice, ch 2, shell in next shell, ch 5, sc in next ch sp, ch 5, (dc, ch 2, dc) in next ch-10 sp, ch 5, sc in next ch-3 sp, ch 5, (dc, ch 2, dc) in next ch-10 sp, ch 5, sc in next ch sp, ch 5**, shell in next shell, rep from * around, ending last rep at **, join.

Rnd 15: Sl st to ch sp, ch 3, (dc, ch 2, 2 dc, ch 2, 2 dc) in same ch sp, *ch 3, sc in next ch sp, ch 3, (sc, ch 6, sc) in next ch sp, ch 3, sc in next ch sp, ch 3, (2 dc, ch 2, 2 dc, ch 2, 2 dc) in next shell, ch 5, sc in next ch sp, ch 5, (2 dc, ch 2, 2 dc) in next ch-2 sp, ch 7, (2 dc, ch 2, 2 dc) in next ch-2 sp, ch 5, sc in next ch sp, ch 5**, (2 dc, ch 2, 2 dc, ch 2, 2 dc) in next shell, rep from * around, ending last rep at **, join.

Rnd 16: Sl st to ch sp, ch 3, (dc, ch 2, 2 dc) in same ch sp, (2 dc, ch 2, 2 dc) in next ch-2 sp, *ch 3, sc in next ch sp, ch 3, 9 dc in ch-6 sp, ch 3, sc in next ch sp, ch 3, (2 dc, ch 2, 2 dc) in each of next ch-2 sps, ch 5, sc in next ch sp, ch 5, shell in next ch-2 sp, ch 3, sc in next ch sp, ch 3, shell in next ch-2 sp, ch 5, sc in next ch sp, ch 3**, (2 dc, ch 2, 2 dc) in each of next 2 ch-2 sps, rep from * around, ending last rep at **, join.

Rnd 17: Sl st to ch sp, ch 3, (dc, ch 2, 2 dc) in same ch sp, *ch 1, (2 dc, ch 2, 2 dc) in next ch-2 sp, ch 3, sc in next ch sp, ch 2, dc in next dc, [ch 1, dc in next dc] 8 times, ch 2, sk next ch sp, sc in next ch sp, ch 3, (2 dc, ch 2, 2 dc) in next ch-2 sp, ch 1, (2 dc, ch 2, 2 dc) in next ch-2 sp, ch 3, sc in next ch sp, ch 5, (2 dc, ch 2, 2 dc, ch 2, 2 dc) in next ch-2 sp, [ch 3, sc in next ch sp] twice, ch 3, (2 dc, ch 2, 2 dc, ch 2, 2 dc) in next ch-2 sp, ch 5, sc in next ch sp, ch 3**, (2 dc, ch 2, 2 dc) in next ch-2 sp, rep from * around, ending last rep at **, join.

Rnd 18: Sl st to ch sp, ch 3, (dc, ch 2, 2 dc) in same ch sp, *ch 2, sk next ch-1 sp, (2 dc, ch 2, 2 dc) in next ch-2 sp, ch 3, sc in next ch sp, ch 3, sk next ch sp, sc in next ch-1 sp, [ch 2, sc in next ch-1 sp] 7 times, ch 3, sk next ch sp, sc in next ch sp, ch 3, (2 dc, ch 2, 2 dc) in next ch-2 sp, ch 2, sk next ch-1 sp, (2 dc, ch 2, 2 dc) in next ch-2 sp, ch 3, sc in next ch sp, ch 5, (2 dc, ch 2, 2 dc) in next ch-2 sp, ch 1, (2 dc, ch 2, 2 dc) in next ch-2 sp, ch 3, sk next ch sp, (dc, ch 1, dc) in next ch sp, ch 3, sk next ch sp, (2 dc, ch 2, 2 dc) in next ch-2 sp, ch 1, (2 dc, ch 2, 2 dc) in next ch-2 sp, ch 5, sc in next ch sp, ch 3**, (2 dc, ch 2, 2 dc) in next ch-2 sp, rep from * around, ending last rep at **, join.

Rnd 19: Sl st to ch sp, beg shell, *ch 2, sk next ch-2 sp, shell in next ch-2 sp, ch 3, sc in next ch sp, ch 4, sk next ch sp, sc in next ch-2 sp, [ch 2, sc in next ch-2 sp] 6 times, ch 4, sk next ch sp, sc in next ch sp, ch 3, shell in next ch-2 sp, ch 2, sk next ch-2 sp, shell in next ch-2 sp, ch 3, sc in next ch sp, ch 5, (dc, ch 1, dc, ch 1, dc) in next ch-2 sp, ch 2, (dc, ch 1, dc, ch 1, dc) in next ch-2 sp, ch 3, sk next ch sp, sc in next ch-1 sp, ch 3, sk next ch sp, (dc, ch 1, dc) in next ch-2 sp, ch 2, (dc, ch 1, dc, ch 1, dc) in next ch-2 sp, ch 5, sc in next ch sp, ch 3**, shell in next ch-2 sp, rep from * around, ending last rep at **, join.

Rnd 20: Sl st to ch sp, beg shell, *ch 3, sk next ch-2 sp, shell in next shell, ch 3, sc in next ch sp, ch 4, sk next ch sp, sc in next ch-2 sp, [ch 2, sc in next ch-2 sp] 5 times, ch 4, sk next ch sp, sc in next ch sp, ch 3, shell in next shell, ch 3, sk next ch-2 sp, shell in next shell, ch 3, sk next ch sp, ch 4, sk next ch sp, (dc, ch 1, dc) in each of next 2 ch-1 sps, ch 3, sc in next ch-2 sp, ch 3, (dc, ch 1, dc) in each of next 2 ch-1 sps, ch 3, sc in next ch sp, ch 2, sc in next ch sp, ch 3, (dc, ch 1, dc) in each of next 2 ch-1 sps, ch 3, sc in next ch-2 sp, ch 3, (dc, ch 1, dc) in each of next 2 ch-1 sps, ch 4, sk next ch sp, sc in next ch sp, ch 3**, shell in next shell, rep from * around, ending last rep at **, join.

Rnd 21: Sl st in ch sp, beg shell, shell in each of next 2 ch sps, *ch 3, sc in next ch sp, ch 5, sk next ch sp, sc in next ch-2 sp, [ch 2, sc in next ch-2 sp] 4 times, ch 5, sk next ch sp, sc in next ch sp, ch 3, shell in each of next 3 ch sps, ch 3, sc in next ch sp, ch 4, sk next ch sp, (dc, ch 1, dc, ch 1) in each of next 2 ch-1 sps, sk ch-3 sps, (dc, ch 1, dc, ch 1) in each of next 2 ch-1 sps, sk next ch sp, (dc, ch 1, dc) in next ch-2 sp, ch 1, sk next ch sp, (dc, ch 1, dc, ch 1) in each of next ch-1 sps, sk next 2 ch sps, (dc, ch 1, dc, ch 1) in next ch-1 sp, (dc, ch 1, dc) in next ch-1 sp, ch 4, sk next ch sp, sc in next ch sp, ch 3**, shell in each of next 3 ch sps, rep from * around, ending last rep at **, join.

Rnd 22: Sl st to ch sp, beg shell, [ch 1, shell in next shell] twice, *ch 3, sc in next ch sp, ch 6, sk next ch sp, sc in next ch-2 sp, [ch 2, sc in next ch-2 sp] 3 times, ch 6, sk next ch sp, sc in next ch sp, ch 3, shell in next shell, [ch 1, shell in next shell] twice, ch 3, sc in next ch sp, ch 4, sk next ch sp, (dc, ch 1, dc) in next ch-1 sp, [ch 1, sk next ch-1 sp, (dc, ch 1, dc) in next ch-1 sp] 8 times, ch 4, sk next ch sp, sc in next ch sp, ch 3**, shell in next shell, [ch 1, shell in next shell] twice, rep from * around, ending last rep at **, join.

Rnd 23: Sl st to ch sp, beg shell, *ch 3, sc in ch sp of next shell, ch 3, shell in next shell, ch 3, sc in next ch sp, ch 7, sk next ch sp, sc in next ch-2 sp, [ch 2, sc in next ch-2 sp] twice, ch 7, sk next ch sp, sc in next ch sp, ch 3, shell in next shell, ch 3, sc in ch sp of next shell, ch 3, shell in next shell, ch 3, sc in next ch sp, ch 4, sk next ch sp, [**cl** *(see Special Stitches)* in next ch-1 sp, ch 1, sk next ch-1 sp] 3 times, cl in next ch-1 sp, ch 3, sk next ch sp, sc in next ch sp, ch 3, sk next ch sp, [cl in next ch-1 sp, ch 1, sk next ch-1 sp] 3 times, cl in next ch-1 sp, ch 4, sk next ch sp, sc in next ch sp, ch 3**, shell in next shell, rep from * around, ending last rep at **, join.

Rnd 24: Sl st to ch sp, beg shell, *ch 3, sc in next ch sp, ch 2, sc in next ch sp, ch 3, shell in next shell, ch 3, sc in next ch sp, ch 8, sk next ch sp, sc in next ch-2 sp, ch 2, sc in next ch-2 sp, ch 8, sk next ch sp, sc in next ch sp, ch 3, shell in shell, ch 3, sc in next ch sp, ch 2, sc in next ch sp, ch 3, shell in shell, ch 3, sc in next ch sp, ch 4, sk next ch sp, cl in next ch-1 sp, [ch 1, cl in next ch sp] twice, [ch 3, sc in next ch sp] twice, ch 3, [cl in next ch-1 sp, ch 1] twice, cl in next ch-1 sp, ch 4, sk next ch sp, sc in next ch sp, ch 3**, shell in shell, rep from * around, ending last rep at **, join.

Rnd 25: Sl st to ch sp, beg shell, *[ch 3, sc in next ch sp] 3 times, ch 3, shell in shell, ch 3, sc in next ch sp, ch 9, sk next ch sp, sc in next ch-2 sp, ch 9, sk next ch sp, sc in next ch sp, ch 3, shell in shell, [ch 3, sc in next ch sp] 3 times, ch 3, shell in shell, ch 3, sc in next ch sp, ch 4, sk next ch sp, cl in next ch-1 sp, ch 1, cl in next ch-1 sp, [ch 3, sc in next ch sp] 3 times, ch 3, cl in next ch-1 sp, ch 1, cl in next ch-1 sp, ch 4, sk next ch sp, sc in next ch sp, ch 3**, shell in shell, rep from * around, ending last rep at **, join.

Rnd 26: Sl st to ch sp, ch 1, (sc, **picot**—*see Special Stitches*, sc) in same ch sp, ch 3, working in ch sps and sts as needed, evenly sp [(sc, picot, sc) in next ch sp or st, ch 3] around, join. Fasten off.

Stitch Guide

ABBREVIATIONS

beg	begin/beginning
bpdc	back post double crochet
bpsc	back post single crochet
bptr	back post treble crochet
CC	contrasting color
ch	chain stitch
ch-	refers to chain or space previously made (i.e. ch-1 space)
ch sp	chain space
cl	cluster
cm	centimeter(s)
dc	double crochet
dec	decrease/decreases/decreasing
dtr	double treble crochet
fpdc	front post double crochet
fpsc	front post single crochet
fptr	front post treble crochet
g	gram(s)
hdc	half double crochet
inc	increase/increases/increasing
lp(s)	loop(s)
MC	main color
mm	millimeter(s)
oz	ounce(s)
pc	popcorn
rem	remain/remaining
rep	repeat(s)
rnd(s)	round(s)
RS	right side
sc	single crochet
sk	skip(ped)
sl st	slip stitch
sp(s)	space(s)
st(s)	stitch(es)
tog	together
tr	treble crochet
trtr	triple treble
WS	wrong side
yd(s)	yard(s)
yo	yarn over

Chain—ch: Yo, pull through lp on hook.

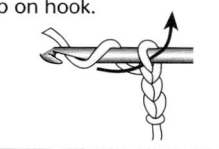

Slip stitch—sl st: Insert hook in st, yo, pull through both lps on hook.

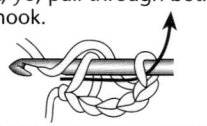

Single crochet—sc: Insert hook in st, yo, pull through st, yo, pull through both lps on hook.

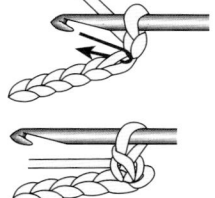

Front loop—front lp
Back loop—back lp

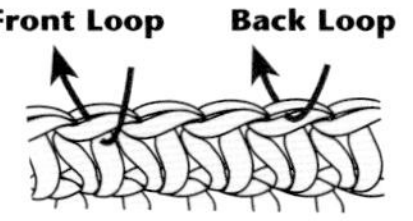

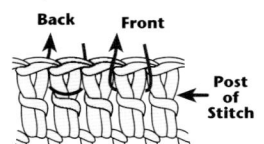

Front post stitch—fp; Back post stitch—bp: When working post st, insert hook from right to left around post st on previous row.

Half double crochet—hdc: Yo, insert hook in st, yo, pull through st, yo, pull through all 3 lps on hook.

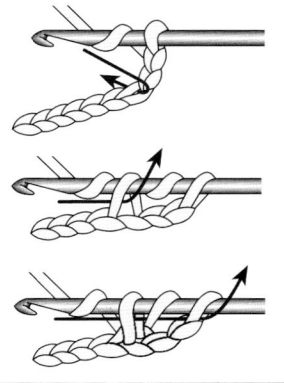

Double crochet—dc: Yo, insert hook in st, yo, pull through st, [yo, pull through 2 lps] twice.

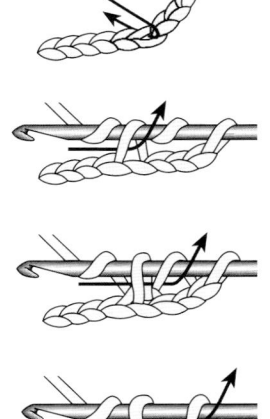

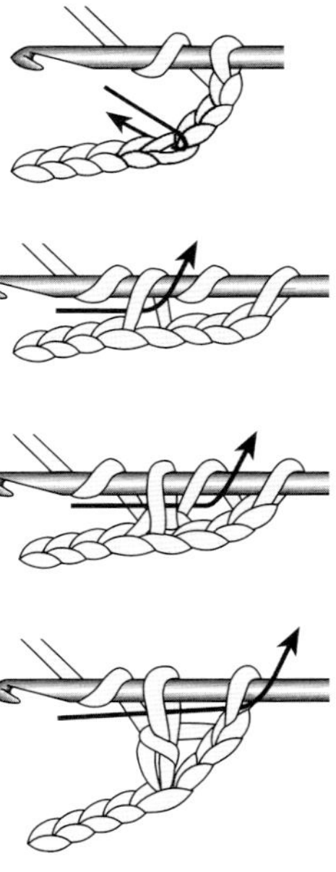

Change colors: Drop first color; with second color, pull through last 2 lps of st.

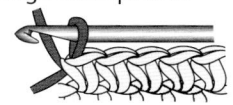

Treble crochet—tr: Yo twice, insert hook in st, yo, pull through st, [yo, pull through 2 lps] 3 times.

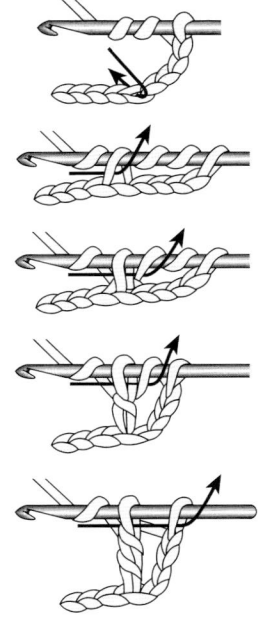

Double treble crochet—dtr: Yo 3 times, insert hook in st, yo, pull through st, [yo, pull through 2 lps] 4 times.

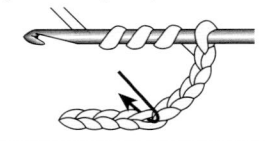

Single crochet decrease (sc dec): (Insert hook, yo, draw up a lp) in each of the sts indicated, yo, draw through all lps on hook.

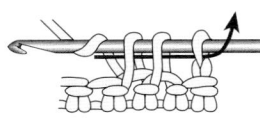
Example of 2-sc dec

Half double crochet decrease (hdc dec): (Yo, insert hook, yo, draw lp through) in each of the sts indicated, yo, draw through all lps on hook.

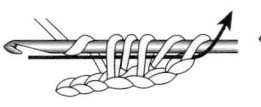
Example of 2-hdc dec

Double crochet decrease (dc dec): (Yo, insert hook, yo, draw lp through, yo, draw through 2 lps on hook) in each of the sts indicated, yo, draw through all lps on hook.

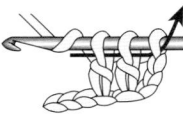
Example of 2-dc dec

US		UK
sl st (slip stitch)	=	sc (single crochet)
sc (single crochet)	=	dc (double crochet)
hdc (half double crochet)	=	htr (half treble crochet)
dc (double crochet)	=	tr (treble crochet)
tr (treble crochet)	=	dtr (double treble crochet)
dtr (double treble crochet)	=	ttr (triple treble crochet)
skip	=	miss

For more complete information, visit

StitchGuide.com

306 East Parr Road
Berne, IN 46711
© 2005 Annie's Attic

TOLL-FREE ORDER LINE or to request a free catalog (800) LV-ANNIE (800) 582-6643
Customer Service (800) AT-ANNIE (800) 282-6643, **Fax** (800) 882-6643,
Visit www.AnniesAttic.com

We have made every effort to ensure the accuracy and completeness of these instructions.
We cannot, however, be responsible for human error, typographical mistakes or variations in individual work.
Reprinting or duplicating the information, photographs or graphics in this publication by any means,
including copy machine, computer scanning, digital photography, e-mail, personal Web site and fax,
is illegal. Failure to abide by federal copyright laws may result in litigation and fines.

ISBN: 1-59635-027-X   All rights reserved   Printed in USA   1 2 3 4 5 6 7 8 9